移动端店铺装修、运营与推广

罗庚 陆沁 葛久平 等编著

机械工业出版社
China Machine Press

图书在版编目（CIP）数据

移动端店铺装修、运营与推广/罗庚等编著. — 北京：机械工业出版社，2017.12

ISBN 978-7-111-58700-2

Ⅰ. ①移… Ⅱ. ①罗… Ⅲ. ①电子商务 – 商业经营 Ⅳ. ①F713.365

中国版本图书馆CIP数据核字（2017）第310359号

本书以实例和设计理论相结合的方式逐步体现装修在手机店铺中的重要性。根据移动端网店视觉中所应了解的各个知识点，精心设计多个商品视觉以及装修移动端网店的相关实例，从移动端店铺的策划到具体的装修实战，再到详细的推广方案，帮助用户快速掌握开移动端网店所需要的各个环节。

本书共9章，依次讲解移动端网店前期企划、移动店铺设计要领、图像处理基础、移动端网店可装修区域的图像制作、移动端店铺首页装修实战、自定义页面设计、自定义菜单的制作、微海报制作、手机公众号与微淘推广等内容。

本书采用实例结合理论的编写形式，兼具技术手册和应用技巧参考手册的特点，技术实用、讲解清晰，并提供配套的PPT课件，既可以作为初次开店想自己装修店铺的初中级读者的学习用书，也可以作为大中专院校相关专业及电子商务方面培训班的教材。

移动端店铺装修、运营与推广

出版发行：机械工业出版社（北京市西城区百万庄大街22号　邮政编码：100037）

责任编辑：夏非彼　迟振春　　责任校对：闫秀华

印　　刷：中国电影出版社印刷厂　　版　　次：2018年1月第1版第1次印刷

开　　本：188mm×260mm　1/16　　印　　张：14

书　　号：ISBN 978-7-111-58700-2　　定　　价：59.00元

凡购本书，如有缺页、倒页、脱页，由本社发行部调换

客服热线：（010）88379426　88361066　　投稿热线：（010）88379604

购书热线：（010）68326294　88379649　68995259　　读者信箱：hzit@hzbook.com

前言 Preface

随着移动端设备的盛行，在网上购物的方式也发生了根本性的变化。智能手机的普及，使移动端购物远远超过了电脑端购物。既然移动端店铺已经壮大并变为主流购物方式，那么对于移动端网店的要求也就越来越高，单纯的商品罗列已经不能吸引买家的眼球，对其进行精致的装修至关重要。

对于买家而言，最能直接引起购买欲望的除了价格和产品特色以外，还有整体网店的装修格局和配色。这两点也可以大大刺激买家的购买欲望。对于卖家而言，能够产生经济效益的店铺才是好的店铺。在价格与特点都大体相同的情况下，好的移动端店铺装修界面是提升卖点的保证。

现在市面上流行的网店装修书籍，大多数是以理论和实例两种形态存在的，本书则是将两者的特点合二为一，使网店经营者不仅可以了解装修的理论，还可以通过书中大量的实例来完成实践操作的过程，在学习时少走弯路。

本书集作者多年丰富的电商教学经验及网店经营与装修的实际设计工作经验于一体，通过阅读本书读者可以快速学到网店装修过程中的经验和技巧，解决开店装修中的难题，提高开店水平，快速成为网上销售高手。

本书特点

本书内容较为丰富，由浅入深，力争涵盖网上店铺装修中的全部知识点。主要特点如下：

- 内容全面，几乎涵盖了移动端网店装修所涉及的视觉图像、配色和整体店铺装修的各个方面。

- 理论与实践相结合，书中实例的运用都是以软件某个重要知识点展开，使读者更加容易理解和掌握，从而方便知识点的记忆，进而能够举一反三。
- 书中关键的功能及实例部分都配有相应的视频，可以让读者更快、更轻松地掌握网店装修知识。
- 配套PPT课件，让学习更加轻松。

本书章节安排

全书共9章，依次讲解了移动端网店前期企划、移动店铺设计要领、图像处理基础、移动端网店可装修区域的图像制作、移动端店铺首页装修实战、自定义页面设计、自定义菜单的制作、微海报制作、手机公众号与微淘推广等。

云下载

本书的视频、素材、源文件和PPT课件的下载地址为：

http://pan.baidu.com/s/1mhLPSUG（注意区分数字和英文字母之间的大小写）

若下载有问题，请发送电子邮件到booksaga@126.com，邮件主题为“移动端店铺装修、运营与推广”。

本书主要由罗庚、陆沁和葛久平编著，同时参与编写工作的还有王红蕾、时延辉、戴时影、潘磊、王君赫、刘冬美、尚彤、葛久平、孙倩、刘绍婕、殷晓峰、张叔阳、赵頔、张猛、齐新、王海鹏、刘爱华、胡渤、张杰、张凝、周荥、周莉、陆鑫、金雨、刘智梅、黄友良、张希、蒋立军、蒋岚、蒋玉、苏丽荣、谭明宇、沈桂军、关向东、刘丹、王凤展、卜彦波、袁震寰、田秀云、霍红等。由于作者水平有限，书中疏漏之处在所难免，敬请读者批评指正。

编者

2017年11月

目录 Contents

第1章 移动端网店前期企划

随着移动端设备逐渐普及，在移动端开设电子商务店铺已经不是什么新鲜事了，随时随地不受限制的方便模式，也正好符合现在年轻人的使用观念。开设并装修一个属于自己风格的移动端淘宝店铺，不但可以方便浏览者进行随时随地进行购买，还可以为卖家增加一部分不可小觑的收入。

重点提示

- ★ 什么是移动端店铺
- ★ 移动端店铺的组成元素
- ★ 移动端店铺的制作流程

正所谓市场有需求就会有供给，既方便买家又方便卖家的移动端店铺不仅仅是电脑端淘宝店铺的一个补充，很多时候这种微运营的收入已经超过了淘宝店铺的收入，如图1-1所示。

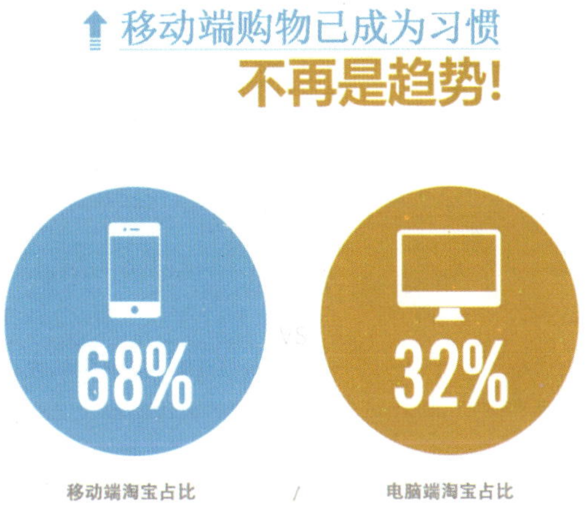

图1-1 移动端店铺与电脑端店铺占有比例

在进行移动端店铺企划前，首先要对移动端店铺中的相关知识、制作流程、页面组成及一些专有名词有初步的认识。虽然现在的店铺装修设计都是强调专业分工，可是若团队中的每一位成员都能具备上述的基本知识，对于团队的合作效率绝对有加分的作用。本章主要对移动端店铺流程中的各个部分做重点式的讲解说明，以便让初次进入移动端店铺装修领域的用户有遵循的依据。

1.1 什么是移动端网店

移动端网店顾名思义就是，随身携带的手机、ipad等移动端设备中经营的网店，与电脑端相比最大好处就是方便。无论是手机还是ipad，如果想装修一个个性十足的店铺的话，必须要在电脑端进行操作，之后再通过移动端设备进行管理，淘宝网专门为移动设备开启了一个手机淘宝店铺功能。

移动端店铺有着其他微店所不具备的资源，即它有淘宝“这棵大树”作为后盾，本身在淘宝店铺中就已经有一些固定的客户了，再通过手机的便利条件绝对会增加更多的流量并带来经济效益。

当所有的宝贝界面装修完成后，接下来就要让客户通过移动网络连接到我们设计的网店上浏览，此时放置宝贝及相关元素的页面就是移动端网店店铺了，如图1-2所示的图像，便是网络、移动端店铺，以及各个装修页面之间的关系。

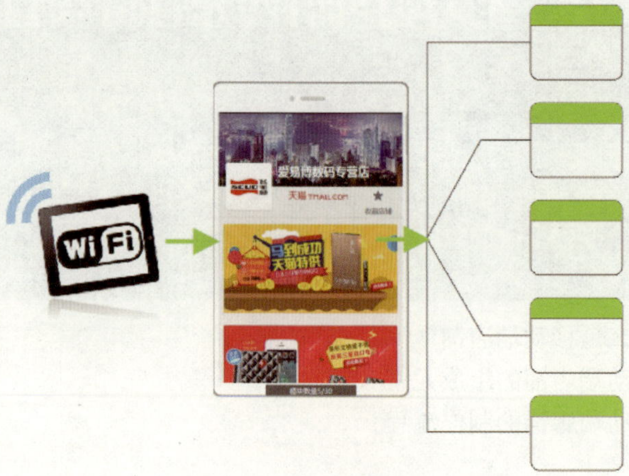

图1-2 移动端店铺的关系

其中的内容说明如表1-1所示。

表1-1 移动端网店组成名称与内容

名称	内容
手机网络	手机运营商提供的2G、3G、4G网络或通过互联网WiFi提供的网络
移动端店铺	放置网店数据的地方
页面	显示网店内容的画面
首页	浏览者最先看到的网店页面

•温馨提示•

为了减少买家与卖家使用手机产生的流量费用，建议大家在WIFI环境中进行浏览及管理。

1.2 移动端店铺的组成元素

移动端店铺页面中的主要组成元素有图片、文字及超链接等，其中文字和图片是用来表达手机网上店铺的商品资料内容。当然，移动端店铺中不能只有一个页面，此时页面与页面之间的相互链接就担负起了整个网店的串联工作。

1.2.1 移动端店铺中的图片

图片是移动端店铺中的重要组成元素，主要用来宣传店铺、吸引买家眼球及展示店铺中宝贝效果等，宣传部分可分为店标、店招等，吸引眼球部分可分为单列图像、双列图像、焦点图、新客与老客图像、活动头图像、多图片图像、左文右图等，如图1-3所示。

图1-3 移动端店铺中的图片

1. 店标

在开张的淘宝移动端店铺中，店标通常指的是网店的核心标识，也就是店铺的Logo，文件格式有gif、jpg、png，文件大小保持在80K以内，建议尺寸为80像素×80像素。

对于一个店铺而言，店标有着相当重要的地位，大到国际连锁品牌，小到零售网店，都会有自己的独特标志。标志能够代表一个品牌，一种形象，更能够给顾客留下深刻的印象，并稳定扩展自己的客户群，淘宝店标正是担当这一重要目标的载体，代表着店铺的风格。移动端淘宝店标与电脑端淘宝店标使用的是同一个，在移动端店铺中通常放置在店招的左下角位置。如图1-4所示的图片为移动端网店店标，如图1-5所示的图像为一些参考Logo。

图1-4 店标

图1-5 参考Logo

> **•温馨提示•**
>
> 店铺中的店标规格大小为80像素×80像素，如果直接在Photoshop软件中设计，图片太小，放大处理会出现像素块效果,为了更好地编辑图像，我们可以新建一个与80像素×80像素等比例缩放的图像文档，如500像素×500像素，制作完毕后，再将其缩小为80像素×80像素即可，优点是便于编辑。

2. 店招

移动端店铺店招与电脑端淘宝店铺的店招作用一样不需要门面，所以店招就是店铺的门面，即虚拟店铺的招牌。店招一般都有统一的尺寸要求，以淘宝网中的移动端店铺来说，大小为642像素×200像素，格式为jpg、png。对于自己的门面当然是越吸引人越好，所以移动端店铺同样需要网店美工，一个好的店招完全可以体现出本店的特点和所售产品，如图1-6所示。

图1-6 店招

3. 宣传店铺商品的广告

在移动端店铺中起广告宣传作用的当图片莫属，在细分的各种图片模式中，目的还是为了吸引买家的目光，从而增加店铺的流量，好的图片广告效果绝对会直接或间接地增加店主的收入，如图1-7所示。

图1-7 宣传店铺商品的广告

1.2.2 移动端店铺中的文字

文字作为移动端店铺中的重要组成元素，主要用来对宝贝图片进行辅助说明、担任店铺公告或者参与图片进行美化主题等，如图1-8所示。

图1-8 移动店铺中的文字

1.2.3 移动端店铺中的链接

如果移动端店铺没有链接，那么最终显示给消费者的就是一个主页，其他的页面都不会被浏览者看到，换句话说，没有链接的网店就是一个失败页面，根本就不能称之为网店。正确的方式是要有页面来作为浏览者最先看到画面，接着再利用此页面中的超链接来继续浏览其他页面，浏览者最先看到的网店页面称为首页，其他的页面则是在首页的基础上出现的自定义页面，自定义页面之间也是存在链接交互的，如图1-9所示。“首页”也是一个单纯的网店页面，只是首页具有给浏览者最先接触的特性，因此设计者通常会对首页上的美化及网店主题性特别下功夫，以便给人良好的印象，从而为店铺增加流量和利益。

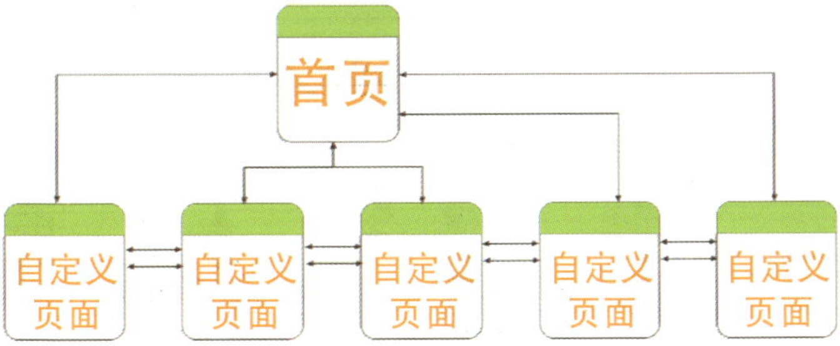

图1-9 移动端店铺中的链接

1.3 移动端店铺的制作流程

移动端店铺制作流程是指从设置主题、整体风格、建立网站架构、店铺页面组件设计，一直到最后的店铺维护与更新等一系列的步骤。如图1-10所示为移动端店铺设计与装修的主要流程架构及其细部内容。

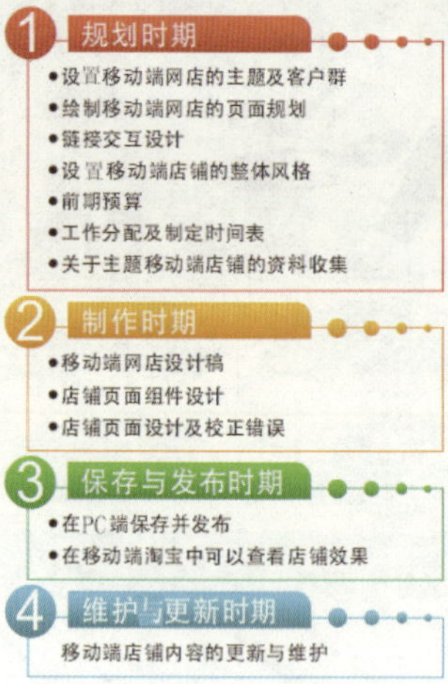

图1-10 移动端店铺设计与装修流程图

1.3.1 规划时期

规划时期是移动端店铺在搭建之前的作业，无论是针对企业或个人网上店铺，都少不了这个时期。其实对于移动端店铺设计而言，就好比为客户做项目一样，必须经过事先的详细规划及讨论，然后才能凭借团队合作的力量，将用于移动端的店铺成果呈现出来。

1. 设置移动端网店的主题及客户群

“移动端网店主题”是指移动端网上店铺的内容及主题诉求。以服装移动端店铺为例，具有时尚女装主题、将时尚女装作为主题，针对年轻女性而展现的全方位服装店铺为网店客户群诉求，如图1-11所示。

图1-11 主题鲜明的移动端网店

至于“客户群体”可以解释为会进入移动端网店页面的主要对象，就好像商品交易的市场调查一样，一个越接近主客户群的产品，其市场的接受度也就越高。同样的宣传主题，但是针对的人群不同，在设计时就要考虑不同的页面风格，只有这样才能更加贴近客户群体，从而使自己制作的移动端网店更加具有竞争力。如图1-12所示为针对儿童服装的移动端店铺。

图1-12 针对儿童服装的移动端店铺

其实为移动端搭建网上店铺也算是商业行为的一种，要怎么让移动端店铺具有高浏览率是在设计之前的规划重点，虽然我们不可能为了设计一个移动端店铺而进行市场调查，但是若能在移动端店铺建立之前，先针对“网店主题”及“客户群体”多与客户及团队成员讨论，以取得一个大家都可以接受的共识，必定可以让这个移动端店铺更加成功。同时也不会因为移动端店铺内容不符合客户的需求，而导致人力、物力及财力的浪费。

2. 绘制移动端网上店铺的页面规划

移动端网上店铺页面规划架构图是整个移动端店铺的组织结构，也可称之为店内中页面的分类方式，我们可以根据“网店主题”及“客户群体”来设计出移动端网上店铺中需要哪些页面来放置商品及数据。这里按照“户外商品”的移动端网上店铺作为规划，为其设置一个“首页”和4个二级页面，如图1-13所示。

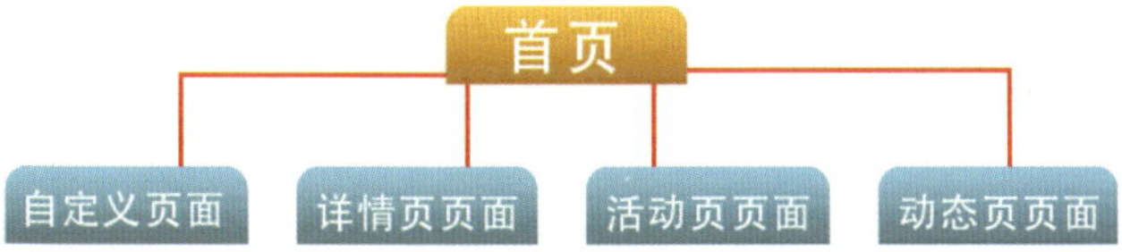

图1-13 移动端店铺的页面规划

3. 链接交互设计

浏览导航就像是商场中的不同店铺，这些导航会导引大家到想要去的地方而不会走错。不过微网页上的链接就不能这么直观地来引导浏览者，此时链接按钮的设计就显得非常重要。

垂直链接顺序

垂直链接顺序是将所有的导航功能放置于首页页面，用户必须回到首页之后，才能继续浏览其他页面，优点是设计容易，缺点则是在浏览上比较麻烦。如图1-14所示图像中的箭头符号就是代表浏览者可以链接的方向顺序。

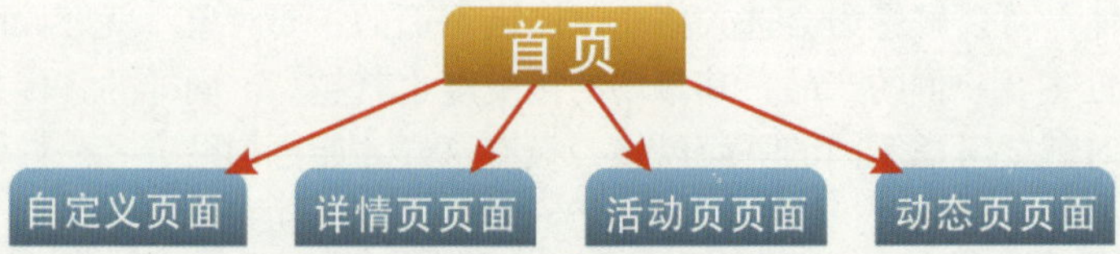

图1-14 垂直链接顺序

垂直与水平链接顺序

水平链接指的是在可以同级页面之间互相链接，同时具有水平及垂直链接顺序的导航设计，优点是浏览容易，缺点是设计比较复杂，如图1-15所示。

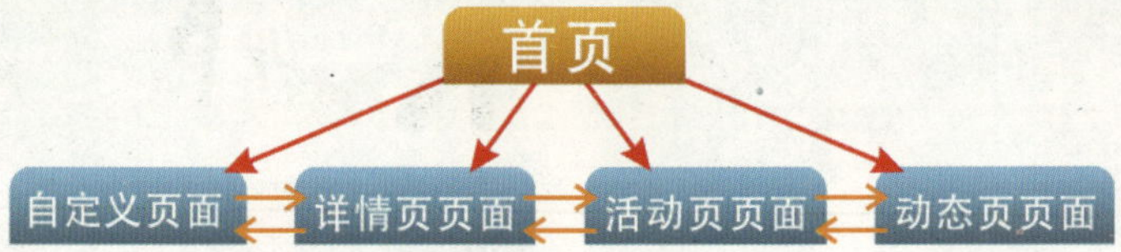

图1-15 水平与垂直链接顺序

•温馨提示•

不管采用哪种设计，都要经过详细的讨论与规划，在每个页面中都放置可直接回到首页的链接。

4. 设置移动端店铺的整体风格

页面风格就是移动端店铺页面的美术效果，这里可再细分为“首页”及“二级页面”的画面风格，其中“首页”属于移动端店铺的门面，一定要针对“移动端店铺主题”及“客户群体”两大需求来进行设计；至于“二级页面”，因为是放置移动端店铺中的各项内容，所以只要风格与“首页”保持一致即可，界面不需要太花哨，否则会让浏览者感觉无所适从，找不到重点。

在移动端店铺图像广告设计中颜色搭配最好保持在三种色系以内，这样的页面看起来会非常轻松，使浏览者不会产生厌烦感。

另外，各个页面中的链接文字或图片数量则是依据“移动端店铺主题”进行设计的，在此建议先在纸上绘制相关草图，再由客户及团队成员共同决定，最后将其设计成微网站效果。这样可以减少反复修改的麻烦，也会让客户有一种被重视的感觉。

5. 前期预算

预算费用是移动端店铺设计中最不易掌控的部分。无论是移动端店铺布局、图像编修，还是请专人设计相关组件、视频动画、店铺动态等，都是必须支出的费用。无论如何，大家都要将可能支出的费用及明细详列出来，以便进行预算费用的掌控，这样做的好处是尽量避免后期与客户产生经济纠纷。

6. 工作分配及制定时间表

专业分工是目前市场的主流，在设计团队中每个人依据自己的专长来分配移动端店铺开发的各项工作，除了可以让移动端店铺内容更加精致外，还可以大幅度缩减开发时间。

不过专业分工的缺点是进度及时间较难掌控，因此在分工完成后，还要再制作一个开发进度的时间表，将各项设计的内容与进度做详细规划，同时在团队中也要有一个领导者专职进度掌控、作品收集及与客户的协调工作，以确保每个成员的作品除了风格一致外，也可以满足客户的需求。

7. 关于主题移动端店铺的资料收集

以建构一个户外商品移动端网上店铺为例，商品照片、文字介绍及店铺Logo等，必须由客户提供。大家可以根据移动端上店铺架构中各个页面所要放置的数据内容，列出一份详细数据清单，然后请客户提供，此时可以请团队中的领导者随时与客户保持联系，作为成员与客户之间沟通的桥梁。如图1-16所示为“户外商品”移动端网上店铺。

图1-16 移动端网上店铺

1.3.2 设计时期

设计时期已经进入到移动端店铺实际制作的部分，这里最重要的是后面的整合及校正错误，如何让客户满意整个移动端店铺的作品；如何呈现整个移动端店铺中页面的功能；如何掌握微页面之间的链接，都会在这个时期决定。

1. 移动端店铺设计稿

最初的移动端店铺设计版面，应该先与客户沟通完毕后设计一个最原始的版面，与客户达成共识后，再进行页面中各个组件的精确设计。

2. 店铺页面组件设计

在进行移动端店铺设计之前，可以先将移动端店铺店招、素材图案、用于宣传的广告图像及视频动画设计好，最后进行移动端店铺效果组合。其实这个部分就算是各个成员的工作内容，而分工的目的也在于此，每个人因专长的不同来设计移动端店铺组件，同时也将客户所提供的照片进行调整，文字作文案的修饰，等一些素材都完成后，最后就是页面的整合。

3. 店铺页面设计以及校正错误

到此步骤才能算是移动端店铺设计，也才会真正运用到手机淘宝装修功能。我们在手机淘宝装修中装修首页、新建自定义页面及店铺动态页面等，然后将各个成员设计好的部分在此进行整合，以完成整个移动端店铺的搭建。手机网上店铺完成后，还必须按照客户的意见进行进一步的修改，以及针对手机网上店铺中所有的功能内容进行测试，确保整个手机网上店铺内容都正确无误。

因此，在设计工作时间表时，要记得将测试时间加入到时间表中，免得移动端店铺设计完成后，却没有测试的时间了。

1.3.3 保存与发布时期

保存与发布时期就简单很多，这里只是将整个移动端上店铺内容在淘宝装修页面中进行保存并发布，再通过手机扫描二维码，就可以将手机网上店铺中的效果到展示在手机中。

1. 在电脑端保存并发布

在淘宝网上装修的移动端店铺，绝大多数还是在电脑中进行保存并发布操作的。

2. 在移动端淘宝中可以查看店铺效果

在淘宝网上装修的移动端店铺，可以直接在手机淘宝APP中扫描二维码进入当前的手机网上店铺，也可以在手机淘宝中直接查找店铺的方式来进入手机网上店铺进行浏览。

将生成的二维码打印出来，或者将其与其他的平面媒体放在一起，好的广告及营销手法可以增进商品的市场占有率。

1.3.4 维护更新时期

定期对移动端店铺做内容维护及数据更新，是维持移动端店铺竞争力和宣传自己的不二法门。我们可定期或是在特定节日时，改变移动端店铺的风格样式，这样可以维系移动端店铺带给浏览者的新鲜感。而数据更新就是要随时注意的部分，避免商品在市面上已流通了一段时间，但移动端店铺上的数据却还是旧数据的状况发生。

另外，移动端店铺内容的扩充也是更新的重点之一。移动端店铺创建初期，其内容及种类都会较为单一。但是时间一久，慢慢就需要增加内容，让整个移动端店铺数据更加完备，关于这方面，建议大家多去参考其他同类型的移动端店铺，或是相关数据书籍，勤做笔记与多下功夫，才能真正让自己的移动端店铺源远流长，立于不败之地。

第2章 移动端店铺设计要领

移动端店铺设计是设计作品的一种，除了内容主题的文字与图像之外，同时也要考虑到页面布局及配色的美观性，让每位浏览者都能对移动端店铺印象深刻。本章主要对有关页面的内容布局、配色，以及一些注意事项作说明，同时介绍使用于移动端网店设计的几种图像格式类型，以加强对移动端网店制作的知识。

重点提示

- ★ 页面内容整体布局
- ★ 布局组成图像中的文案编辑
- ★ 图像在设计中的应用
- ★ 页面图像配色与编修要领
- ★ 店铺页面安全色
- ★ 常用移动端网店图片格式
- ★ 装修导览图

2.1 页面内容整体布局

页面内容布局是指在整个页面中，各种元素的比重分配与摆放位置。按照不同店铺的风格，不同的主题就有不同的编排方式，只要是能呈现主题风格与方便浏览者阅读，就是一个好的编排方式。

2.1.1 移动端页面固定区域与可编修区域

在对移动端网店进行布局设计时，大体的布局可分为固定区域和可移动区域，固定区域就是网店中的店标和店招，虽然可以对内容进行设计，但是在店铺中的布局摆放位置是不能变的；可移动区域指的是店铺中进行宣传的焦点图或广告图、吸引客户的销售排行、增加客户购买欲望的店铺活动或优惠券等。移动端页面固定区域与可编修区域的大致规划如图2-1所示。

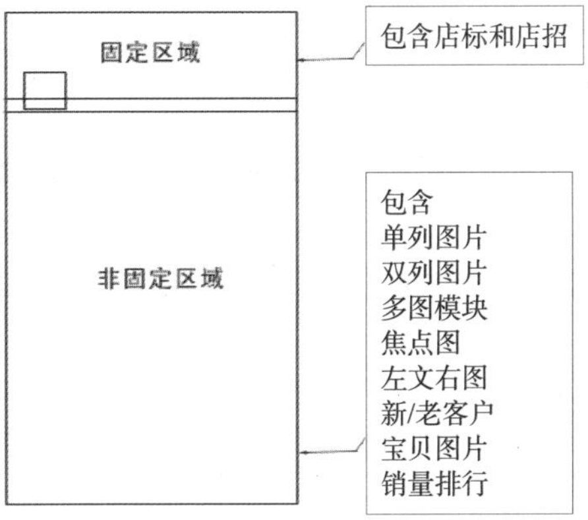

图2-1 固定与可移动区域

2.1.2 非固定区域布局

目前的布局版式主要有在一屏内先显示“排行榜”再依次排入其他内容；也有先排入“焦点

图”的，以动感的画面吸引买家；还有将制作的广告画面直接用于一屏的，目的是通过视觉快速吸引买家的目光，以此来提升店铺的流量。不同的版式排序在整体布局中都会按主题的不同，而各自出现相应的变化，如图2-2所示。

图2-2 移动端店铺版面布局

•温馨提示•

有些移动端网店会使用其他形式的设计分类页面，例如双图或多图模块、自定义模块等都能作为首屏进行布局开头，如图2-3所示。

图2-3 其他模块布局

2.2 布局组成图像中的文案编辑

一个合格的网店美工不但要懂得将图像进行美化，还要掌握整个作品中文案的作用，在设计时可以将文案当成一个设计元素参与到整体效果中。

好的文案不但能为商品本身带来详细的介绍，还能兼顾整体广告创意的一部分。从广告上来说就是将你的产品卖点通过文字渗透入买家的思维中，让他接受你认同你从而购买你。

而要做好一个网店美工的文案，你可能不仅仅要懂得文字上的知识或者技巧，你还要了解一些网店中图像的处理知识。要能和美工更近的沟通，让美工将你的文案想法成为图片展示出来才是成功的关键。

2.2.1 为什么要做文案

移动端店铺中涉及的文案通常都会与商品本身图片进行相辅相成。店铺的推广不仅仅在于一些网店推广方法的运用，文案也是其中一条重要的影响因素。华丽而不失浦雅、自然而不失人气的店铺文字，可以大大提高宝贝的转化率。优秀的文案策划，不仅仅要做文字功，还要用文字来引导销售，与主体图像相呼应。完全融入整张图片中，作为整体创意的一部分，同时起到吸引眼球的作用，如图2-4所示。

图2-4 文案

2.2.2 文案怎样写

首先就是说要清楚为什么要写与图相对应的文案？必须符合产品的整体营销战略。是单独使用还是和其他文案组成一个系列？在整个广告活动中我写的这篇文案担负着什么样的任务？是前期概念宣传？还是直接推动卖货？还是传达促销信息提高销量？

对自己提出以上的疑问后，已经了解写文案的目的就是卖货，文案的作用就是与消费者进行“深度沟通”，让每一句话说到消费者心坎里。文案的主题就是市场营销策略围绕消费者展开，软文要配合营销战略，针对消费者猎奇、治疗、健康、美容等心理展开。每篇软文只能有一个主题，我们常常用一个系列、一个阶段的软文围绕一个主题（在一定阶段内），用各篇软文组成一个系列，围绕一个主题进行话题炒作，如图2-5所示。

图2-5 文案

2.2.3 文案在图像中的布局

对于网店美工的文案布局大体可以分为对齐布局、参照布局、对比布局及组合布局4种，每种布局都有自己的特点，下面就看看这4种布局的具体使用。

1. 对齐布局

文案对齐布局在常规中通常会以边对齐和居中对齐两种形态存在，每种对齐方式都是与产品本身图片作为依据的。

边对齐在淘宝美工中使用通常会以文本的一端作为对齐线，使文本与整体看起来给人以稳重、力量、统一、工整的感觉，是淘宝中最常见的一种文案布局方式，如图2-6所示。边对齐比较适合新手操作，只要掌控画面整体，文本部分在主体边上只要注意对齐即可。

图2-6 边对齐

居中对齐在淘宝美工中使用通常会以文本的水平居中位置作为对齐线，或者文本与整个画面进行居中对齐，使文本与整体看起来给人以正是、大气、高端、有品质的感觉。在淘宝海报中居中对齐通常要把文字直接打在商品上面，文案部分的遮挡会与主体部分形成一个前后的感觉，看起来更加具有层次感，在不遮挡主体时，单纯的文字居中对齐，同样会使整张海报具有大气上档次的感觉，如图2-7所示。

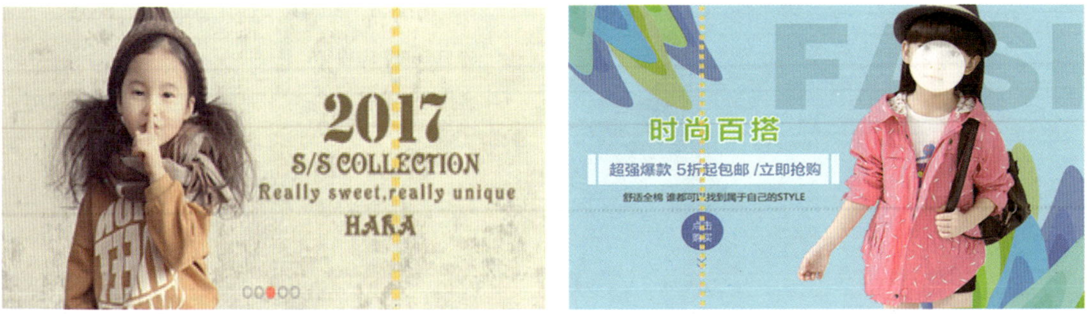

图2-7 居中对齐

2. 参照布局

参照布局通常是指根据美工得到图片的类型，将文本部分与图片特点进行合理位置布局的方法，根据主图的特点文本在图像中主要起到平衡整体的作用，如图2-8所示。此布局方法不适合初学者。

图2-8 参照布局

3. 对比布局

在一幅作品中如果不体现对比，那么就不能说此作品中存在设计，人们是不喜欢欣赏平淡无奇的东西的。

使用有对比效果的排版技巧，可以瞬间增加画面的视觉效果，对比原则包含的内容很多，比如虚实对比、冷暖对比、字体粗细对比等，如图2-9所示。

分析：在两张海报的对比中，可以发现第二张图片运用了对比原则，使画面更加吸引人，文案的组织结构也是一目了然，更便于浏览者阅读。

图2-9 对比布局

•注意•

- 找出文案中重点的语句，运用大小对比和粗细对比，加强文字的强调和区分。
- 字体部分如果要对比就要选择对比较分明的字体，既然要对比就要显示出大的够大、小的够小、粗的够粗、细的够细，让浏览者更加容易记住。
- 对比不光增加视觉效果，而且还加强了文案的可读性，不要担心字小而错过浏览者的阅读，只要强调的部分吸引住了顾客，下面的小文字会下意识的进行阅读。
- 对比还可以通过文本以背景的高反差效果进行显示，背景如果按不同的颜色形状进行绘制，上面的文字与背景色作为对比参照物，这样更能吸引浏览者，加强整体视觉效果。

4. 分组布局

在图像中如果存在的文案过多时，就不能单纯地使用对齐加对比等布局效果了，此时只要将文本进行一下分类，将相同的文本信息文案摆放在一起，这样不仅使整个画面看起来有条理，而且也非常美观，更加有利于浏览者阅读。每个分类可以作为一个元素进行重新的布局，如图2-10所示。

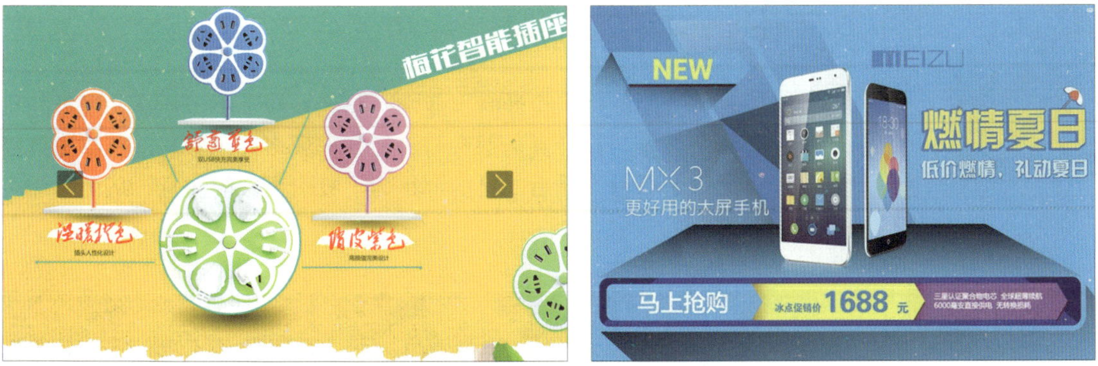

图2-10 分组布局

2.2.4 活动文案

网店美工的活动文案与纯文本的软文文案不同，需要与素材图片相结合配合当前活动的要求，设计上还要与整体相呼应不能有违和感，例如店庆活动、节日活动等等，既要简练又要凸出主题，对于网店美工来说是比较考验设计能力的，如图2-11所示的效果即为融入整体的活动文案。

图2-11 活动文案

活动文案的目标就是为了带动流量、提升销量、增加知名度等。在撰写活动文案时要体现以下几个要点。

1. 活动介绍

活动介绍包括活动主题、活动时间、活动地点、目标人群、活动目标、活动背景介绍（如主办方、协办方）等。

2. 活动规则

活动规则包括活动具体的参与办法、面向人群、具体的奖项设置、评选规则和办法等。

3. 活动实施

活动实施要说明活动的具体实施步骤、具体的时间及大概折扣或奖项内容。

4. 趣味性要强

活动的趣味性越强越好，只要活动好玩有趣，参与的人才会多。活动的氛围烘托起来之后，自然就达到了活动文案的目的。

5. 得到实惠

只有在文案中，让买家看到本次活动中的让利力度，才能真正调动起买家的积极性。销量增加了，卖家同样也就会得到属于自己的那部分利益，互利互惠才能更好地将活动持续下去。

2.3 图像在设计中的应用

移动端网店对广告图像进行设计时，通常会起到在视觉中传达第一视点的作用，从传统的整体图像参与设计到局部参与设计，再到多视角参与以及超出范围进行设计制作，无论是哪种，最后的目的都是为了吸引买家的注意，从而增加店铺的流量。

2.3.1 商品整体参与整体设计

整个商品全部进入到设计中时，可以让浏览者看到商品的整体，在视觉中不会出现丢失部分，这种设计方法常被用到传统的设计中，好处就是可以看到商品本身的样貌，缺点是缺少的买家对商品本身的一些遐想，如图2-12所示。

图2-12 商品整体参与的设计

2.3.2 商品切断式参与整体设计

被切断的商品在整体作品中，是完整图像的对立面，视觉上的不完整性，会使买家看到后在大脑中自动填补其完整形态，这种设计不但为店铺带来新的视觉感受，还为买家预留了现象空间，如图2-13所示。

图2-13 被切断商品参与的设计

•技巧•

切断图片时，切记不要把图片中的代表区域切掉。保留局部后的图像在固定图像中可以更大化地显示商品的重要部分，这样可以更好地吸引买家目光。

2.3.3 不同视角参与整体设计

常规视角的图片在设计中已经司空见惯了，并且大多数的网店都是以传统视角作为主图设计的，这样的图片看多了就会产生审美疲劳，即在视觉上对买家的吸引力逐渐降低，按照此逻辑，我们可以在商品视角的运用上进行一下大胆的尝试，使买家产生新鲜感，从心理上感觉眼前一亮，无形中就会对店铺的流量产生推动力，如图2-14所示。

图2-14 不同视角参与的设计

2.3.4 超出范围参与整体设计

超出范围指的是冲出束缚的版面，也就是素材本身的某个部分在规划设计区以外，如图2-15所示为模特的头部探出了设计区的框架。此种设计方式打破了原有的物体封闭性，给买家一个新的视觉冲击。

图2-15 超出范围参与整体设计

2.4 页面图像配色与编修要领

移动端网店页面中的页面配色通常是指各图像区域的色调，将整体色调进行统一，使主题更加鲜明。色彩搭配要合理，并与产品相符合，这样给人一种和谐、愉快的感觉。在搭配时一定要避免容易使人产生视觉疲劳的纯度过高的单一色彩。

2.4.1 色调搭配

色彩与人的心理感觉和情绪有一定的关系，利用这一点可以在设计时形成自己独特的色彩效果，从而给浏览者留下深刻的印象，提高产品的售出概率。不同的色系在网店中也会拥有自己的独特之处，在网店色调分类时主要按照色相分类、按印象分类和按色系分类三种。

1. 按照色相分类配色

常见的色彩搭配是按照色相的顺序归类。每类都以该色相为主，配以其他色相或同色相的，应用对比和调和的方法，并按照从轻快到浓烈的顺序排序。

红色

红色的色感温暖，性格刚烈而外向，是一种刺激感很强的颜色。红色容易引起人的注意，也容易使人兴奋、激动、紧张、冲动、还是一种容易造成视觉疲劳的颜色。

在网页颜色的应用概率中，根据网页主题内容的需求，单纯使用红色为主色调的网站相对较少，多用于辅助色、点睛色，以达到陪衬、醒目的效果。通常都配以其他颜色调和。

在众多颜色中，红色是最鲜明、最热烈的颜色，因此红色也是代表热情的情感之色。常见的红色配色方案如图2-16所示。应用红色系的网店多数以婚庆产品为主，还会出现在女装、美容化妆品或店庆页面中，主要目的是醒目，提醒大家注意，从而吸引买家目光来产生交易。通过配色产生的红色页面会给人一种喜庆的感觉，如图2-17所示。

图2-16 红色搭配

图2-17 红色系移动端网店

•温馨提示•

红色可以和蓝色（带红的蓝）混合成紫色，可以和黄色混合成橙色，红色和绿色是对比色，红色的补色是青色。红色是三原色之一，它能和绿色、蓝色调出任意色彩。

橙色

橙色又称橘色，为二次颜料色，是红色与黄色的混合，得名于橙的颜色。在光谱上，橙色介于红色和黄色之间。

橙色在空气中的穿透力仅次于红色，而色感较红色更暖，最鲜明的橙色应该是色彩中感受最暖的色，给人一种庄严、尊贵、神秘的感觉，基本上属于心理色性。历史上许多权贵和宗教界都用以装点自己，现代社会中往往作为标志色和宣传色，不过也是容易造成视觉疲劳的颜色。橙色明度高，在工业安全用色中，橙色即是警戒色，如火车头、登山服装、背包、救生衣等。红、橙、黄均为暖色，是注目、芳香和引起食欲的颜色。橙色可作为餐厅的布置色，据说在餐厅里多用橙色可以增加食欲。常见的橙色配色方案如图2-18所示。由于橙色也是积极活跃的色彩，除了食物，还会经常用在家具用品、时尚品牌、运动及儿童玩具等网店中出现，如图2-19所示。

图2-18 橙色搭配

图2-19 橙色系移动端网店

•温馨提示•

橙色在HSB数值的H中为30°，是正橙色。橙色的对比色是蓝色，当这两种颜色彩度倾向越明确，对比强度就越大。除了正宗的对比色橙蓝色外，橙色和绿色随着纯度的升高，达到的对比效果也很强烈。

黄色

黄色代表光明、希望、高贵、愉快，浅黄色表示柔弱，灰黄色表示病态。黄色的亮度最高，和其他颜色搭配很活泼，具有快乐、希望、智慧和轻快的个性。黄色也代表着土地，象征着权力，并且具有神秘的宗教色彩。常见的黄色配色方案如图2-20所示。黄色与某些食品色彩相似，可以应用于食品类的店铺。黄色是一种骄傲的色彩，代表权利和财富，因此很多店铺都会使用黄色来体现自己商品的高档与华贵，如图2-21所示。

图2-20 黄色搭配

图2-21 黄色系移动端网店

•温馨提示•

黄色能和多种颜色相配，唯独不能和白色搭配。另外，深黄色最好不要与深紫色、深蓝色、深红色相配，会使人感觉晦涩与失望；淡黄色也不要与明度相当的色彩搭配，要拉开明度上的层次关系。黄色与红色搭配,可以营造一种吉祥、喜悦的气氛；黄色与绿色搭配，会显得有朝气，有活力；黄色与蓝色搭配，会显得美丽、清新；淡黄色与深黄色相配，可以衬托出高雅。

绿色

绿色在黄色和蓝色（冷暖）之间，属于较中庸的颜色，这样使得绿色的性格最为平和、安稳、大度、宽容，是一种柔顺、恬静、满足、优美、受欢迎之色，也是网店页面中使用最为广泛的颜色之一。

绿色与人类息息相关，是永恒的，欣欣向荣的自然之色，代表了生命与希望，也充满了青春活力。绿色象征着和平与安全、发展与生机、舒适与安宁、松弛与休息，有缓解眼部疲劳的作用。

绿色能使我们的心情变得格外明朗，黄绿色代表清新、平静、安逸、和平、柔和、青春。常见的绿色配色方案如图2-22所示。绿色通常与环境意识有关，也经常被联想到与健康有关的事物，所以绿色系经常会用在自然、健康有关的网店，还经常用于生态特产、护肤品、儿童商品或保健健康食品网店，如图2-23所示。

图2-22 绿色搭配

•温馨提示•

在绿色中黄的成分较多时，其性格就趋于活泼、友善，具有幼稚性；在绿色中加入少量的黑，其性格就趋于庄重、老练、成熟；在绿色中加入少量的白，其性格就趋于洁净、清爽、鲜嫩。

图2-23 绿色系移动端网店

蓝色

蓝色是色彩中比较沉静的颜色，象征着永恒与深邃、高远与博大、壮阔与浩渺，是令人心境畅快的颜色。

蓝色的朴实、稳重、内向性格，衬托那些性格活跃、具有较强扩张力的色彩，运用对比手法，同时也活跃页面。另一方面又有消极、冷淡、保守等意味。蓝色与红、黄等色运用得当，能构成和谐的对比调和关系。

蓝色是冷色调中最典型的代表色，是网店页面中运用得最多的颜色，也是许多人钟爱的颜色。常见的蓝色配色方案如图2-24所示。蓝色会给人很强烈的安稳感，同时还能够表现出和平、淡雅、洁净、可靠等，多用于科技产品、家电产品、化妆品或旅游类型的网店中，如图2-25所示。

图2-24 蓝色搭配

图2-25 蓝色系移动端网店

•温馨提示•

在蓝色中添加少量的红、黄、橙、白等色，均不会对蓝色的性格构成较明显的影响力；如果在蓝色中黄色的成分较多，其性格就会趋于甜美、亮丽、芳香；在蓝色中混入少量的白色，可使蓝色的知觉趋于焦躁、无力。

蓝色表达着深远、永恒、沉静、无限、理智、诚实、寒冷的多种感觉。蓝色会给人很强烈的安稳感，同时蓝色还能够表现出和平、淡雅、洁净、可靠等。多用于科技产品、家电产品、化妆品或者旅游类型移动端网店，如图2-25所示的图像就是蓝色系移动端网店。

紫色

紫色可以说是最具优雅气质的颜色，紫色给人成熟与神秘感，是女性的专属色之一。从T台秀场到街拍，紫色都出现在了人们的视线中，这些紫色有的优雅、高贵，有的极具街头范儿，大家的精彩搭配，显示出了紫色的百变魔力。然而紫色并不好驾驭，如果搭配不当，则会显得过于老气。紫色的明度在有彩色的色料中是最低的，其低明度给人一种沉闷、神秘的感觉。常见的紫色配色方案如图2-26所示。紫色通常用于以女性为对象或以艺术品为主的网店，另外紫色是高贵华丽的色彩，也很适合表现珍贵、奢华的商品，如图2-27所示。

图2-26 紫色搭配

图2-27 紫色系移动端网店

•温馨提示•

在紫色中红色的成分较多时，其感觉就趋于压抑、威胁；在紫色中加入少量的黑色，其感觉就趋于神秘、难以捉摸、高贵；在紫色中加入白色，可使紫色沉闷的性格消失，变得优雅、娇气，并充满女性的魅力。

2. 按印象的搭配分类配色

色彩搭配看似复杂，但并不神秘。既然每种色彩在印象空间中都有自己的位置，那么色彩搭配得到的印象可以用加减法来近似估算。如果每种色彩都是高亮度的，那么它们叠加，自然会是柔和、明亮的；如果每种色彩都是浓烈的，那么它们叠加，就会是浓烈的。当然，在实际设计过程中，设计师还要考虑到乘除法，比如同样亮度和对比度的色彩，在色环上的角度不同，搭配起来就会得到千变万化的感觉。因此，色彩除了按色相的搭配外，还可以将印象作为搭配分类的方法。

柔和、明亮、温柔

高亮度的色彩搭配在一起就会得到柔和、明亮、温和的感觉。为了避免刺眼，设计师一般会用低亮度的前景色调和，同时色彩在色环之间的距离也有助于避免沉闷，如图2-28所示。此色彩常用于与女性有关的网店。

图2-28 柔和、明亮、温柔

柔和、洁净、爽朗

对于柔和、清洁、爽朗的印象，色环中蓝到绿相邻的颜色应该是最适合的，并且亮度偏高，可以看到，几乎每个组合都有白色参与。当然，在实际设计时，可以用蓝绿相反色相的高亮度有彩色代替白色，如图2-29所示。此色彩常用于与厨卫有关的网店。

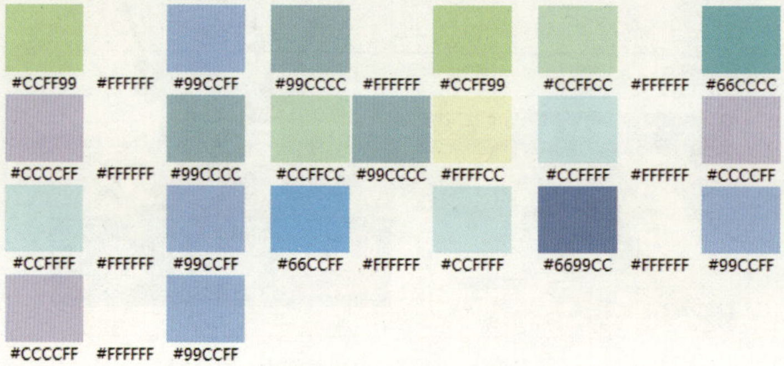

图2-29 柔和、清洁、爽朗

可爱、快乐、有趣

可爱、快乐、有趣印象中的色彩搭配特点是，色相分布均匀，冷暖搭配，饱和度高，色彩分辨度高，如图2-30所示。此色彩常用于与儿童有关的网店。

图2-30 可爱、快乐、有趣

活泼、快乐、有趣

活泼、快乐、有趣相对于前一种印象，色彩选择更加广泛，最重要的变化是将纯白色用低饱和有彩色或灰色取代，如图2-31所示。此色彩常用于与儿童有关的网店。

图2-31 活泼、快乐、有趣

运动、轻快

运动的色彩要强化激烈、刺激的感受，同时还要体现健康、快乐、阳光。因此，饱和度较高、亮度偏低的色彩在这类印象中经常登场，如图2-32所示。此色彩常用于与运动有关的网店。

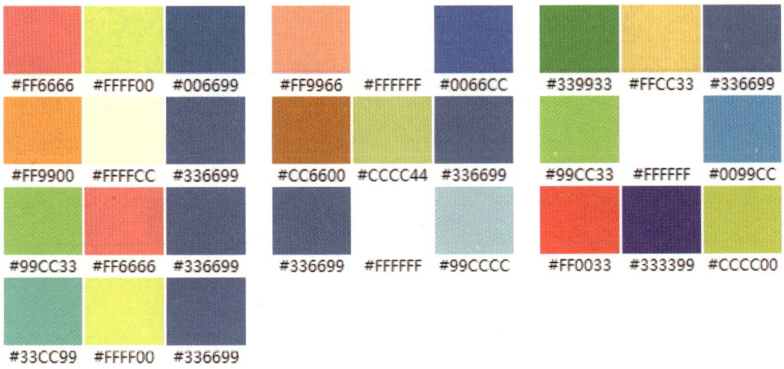

图2-32 运动型、轻快

轻快、华丽、动感

华丽的印象要求页面充斥有彩色，同时饱和度偏高，亮度适当减弱则能强化这种印象，如图2-33所示。此色彩常用于与户外运动有关的网店。

图2-33 轻快、华丽、动感

狂野、充沛、动感

狂野的印象空间中少不了低亮度的色彩，甚至可以用适当的黑色搭配，其他有彩色的饱和度高，对比强烈，如图2-34所示。此色彩常用于与户外运动有关的网店。

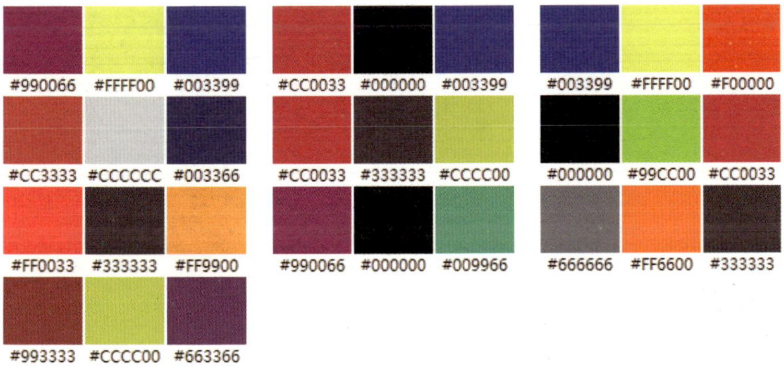

图2-34 狂野、充沛、动感

华丽、花哨、女性化

女性化的页面中紫色和品红是主角，粉红和绿色也是常用色相，一般它们之间要进行高饱和的搭配，如图2-35所示。此色彩常用于与女性有关的网店。

图2-35 华丽、花哨、女性化

回味、女性化、优雅

优雅的感觉很奇特，色彩的饱和度一定要降下来，一般以蓝、红之间的相邻，调节亮度和饱和度进行搭配，如图2-36所示。此色彩常用于与女性有关的网店。

图2-36 回味、女性化、优雅

高尚、自然、安稳

高尚一般要用低亮度的黄绿色，注意色彩的平衡，页面就会显得安稳，如图2-37所示。此色彩常用于与老人有关的网店。

图2-37 高尚、自然、安稳

冷静、自然

绿色是冷静、自然印象的主角，但是绿色作为页面的主要色彩，容易陷入过于消极的感觉传达，因此应该特别重视图案的设计，如图2-38所示。此色彩常用于与茶有关的网店。

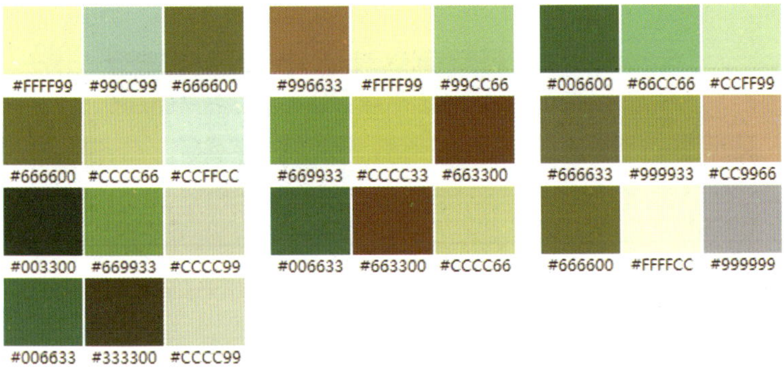

图2-38 冷静、自然

传统、高雅、优雅

传统的内容一般要降低色彩的饱和度，特别是棕色比较适合，是高雅和优雅印象的常用色相，如图2-39所示。此色彩常用于与家纺居家有关的网店。

图2-39 传统、高雅、优雅

传统、稳重、古典

传统、稳重、古典都是保守的印象，色彩的选择上应尽量使用低亮度的暖色，这种搭配符合成熟的审美，如图2-40所示。此色彩常用于与家具建材有关的网店。

图2-40 传统、稳重、古典

忠厚、稳重、有品位

亮度、饱和度偏低的色彩会给人忠厚、稳重的感觉，这样的搭配为了避免色彩过于保守，使页面僵化、消极，应当注重冷暖结合和明暗对比，如图2-41所示。此色彩常用于与珠宝或仿古产品有关的网店。

图2-41 忠厚、稳重、有品位

简单、洁净、进步

简单、洁净的色彩在色相上可以用蓝、绿表现，并大面积留白，而进步的印象可以多用蓝色搭配低饱和甚至灰色，如图2-42所示。此色彩常用于与男性有关的网店。

图2-42 简单、洁净、进步

简单、时尚、高雅

灰色是最为平衡的色彩，并且是塑料金属质感的主要色彩之一，因而要表达高雅、时尚，可以适当使用，甚至大面积使用，但是要注重图案和质感的构造，如图2-43所示。此色彩常用于与男性有关的网店。

图2-43 简单、时尚、高雅

简单、进步、时尚

简单、进步、时尚的色彩多数以灰色、蓝色和绿色作为主导色，在网店中多显示时尚、大方的个性，如图2-44所示。此色彩常用于与男性有关的网店。

图2-44 简单、进步、时尚

3. 按色系分类配色

按色系对色彩进行分类，色系即色彩的冷暖分别。色彩学上根据心理感受，把颜色分为暖色调（红、橙、黄）、冷色调（青、蓝）和中性色调（紫、绿、黑、灰、白），如图2-45所示。

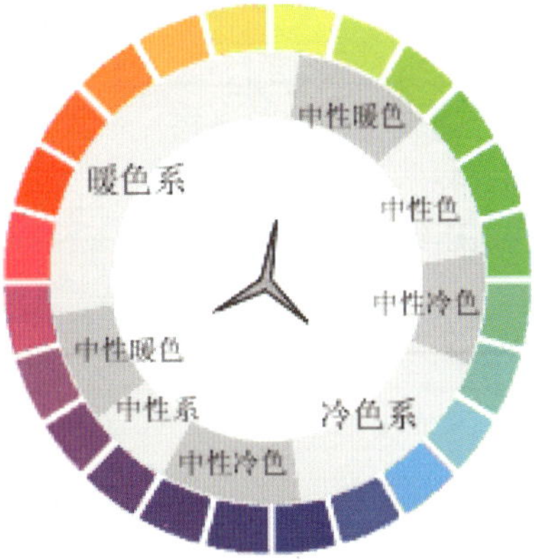

图2-45 冷暖色系

冷色系

蓝色、绿色和紫色都属于冷色系，给人的专业、稳重、清凉的感觉，如图2-46所示为冷色系的淘宝网上店铺。

图2-46 冷色系的移动端网店

暖色系

由太阳颜色衍生出来的颜色，红色和黄色，给人以温暖柔和的感觉。春天和秋天比较适合穿暖色系的衣服，化暖色系的妆，如图2-47所示为暖色系的淘宝网上店铺。

图2-47 暖色系的移动端网店

中性色系

中性色系就是黑、白、灰三种颜色，适合与任何色系搭配，如图2-48所示为中性色系的淘宝网上店铺。

图2-48 中性色系的移动端网店

如果文字与主色调搭配合理，会直接提升整体页面的视觉效果。表2-1所示为网店主色与文字色彩搭配的参考。

表2-1 文字与主色调的搭配

颜色图标	颜色十六进制值	文字颜色搭配
	# F1FAFA	适合做正文的背景色，比较淡雅。配以同色系的蓝色、深灰色或黑色文字都可以
	# E8FFE8	适合做标题的背景色，搭配同色系的深绿色标题或黑色文字
	# E8E8FF	适合做正文的背景色，文字颜色配黑色比较和谐、醒目

（续表）

颜色图标	颜色十六进制值	文字颜色搭配
	# 8080C0	配黄色或白色文字较好
	# E8D098	配浅蓝色或蓝色文字较好
	# EFEFDA	配浅蓝色或红色文字较好
	# F2F1D7	配黑色文字素雅，如果是红色则更醒目
	# 336699	配白色文字较好
	# 6699CC	配白色文字较好，可以做标题
	# 66CCCC	配白色文字较好，可以做标题
	# B45B3E	配白色文字较好，可以做标题
	# 479AC7	配白色文字较好，可以做标题
	# 00B271	配白色文字较好，可以做标题
	# FBFBEA	配黑色文字较好，一般作为正文
	# D5F3F4	配黑色文字较好，一般作为正文
	# D7FFF0	配黑色文字较好，一般作为正文
	# F0DAD2	配黑色文字较好，一般作为正文
	# DDF3FF	配黑色文字较好，一般作为正文

•温馨提示•

通过上面的颜色配比表，可以大大减少网页配色的时间。当然，还可以在当前的基础上发挥想象力，搭配出更有新意、更醒目的颜色，使自己的店面更具有竞争力。

2.4.2 色彩调和

两种或两种以上的色彩合理搭配，产生统一和谐的效果，称为色彩调和。

1. 同种色的调和

相同色相、不同明度和纯度的色彩调和。方法为：使之产生循序的渐进，在明度、纯度的变化上，形成强弱、高低的对比，以弥补同色调和的单调感。

2. 类似色的调和

以色相接近的某类色彩，如红与橙、蓝与紫等的调和，称为类似色的调和。类似色的调和主要靠类似色之间的共同色来产生作用。

3. 对比色的调和

以色相相对或色性相对的某类色彩，如红与绿、黄与紫、蓝与橙的调和，称为对比色的调合。方法有：选用一种对比色将其纯度提高或降低另一种对比色的纯度；在对比色之间插入分割色（金、银、黑、白、灰等）；采用双方面积大小不同的处理方法，以达到对比中的和谐；对比色之间具有类似色的关系，也可起到调和的作用。

2.4.3 强调色彩

强调色彩又名突出色彩，是网店页面设计时有特殊作用的色彩，是为了达到某种视觉效果时与静态色彩对比反差较大的突出色彩，或者是在店招中带有广告推荐意义的特殊色彩，或者是在某段文字中为了突出重点而通过不同色彩加注文字等。如图2-49所示的图像为作为强调色彩的文字、标签和商品、人物肤色与静态色彩的背景产生了强烈的对比。

图2-49 强调色彩

2.4.4 色彩基本原理

了解如何创建颜色及如何将颜色相互关联可让您在Photoshop中更加有效地工作。只有对基本颜色理论进行了了解，才能将作品生成一致的结果，而不是偶然获得某种效果。在对颜色进行创建的过程中，大家可以依据加色原色（RGB）、减色原色（CMYK）和色轮来完成最终效果。

加色原色是指三种色光（红色、绿色和蓝色），当按照不同的组合将这三种色光添加在一起时，可以生成可见色谱中的所有颜色。添加等量的红色、蓝色和绿色光可以生成白色。完全缺少红色、蓝色和绿色光将导致生成黑色。计算机的显示器是使用加色原色来创建颜色的设备，如图2-50所示。

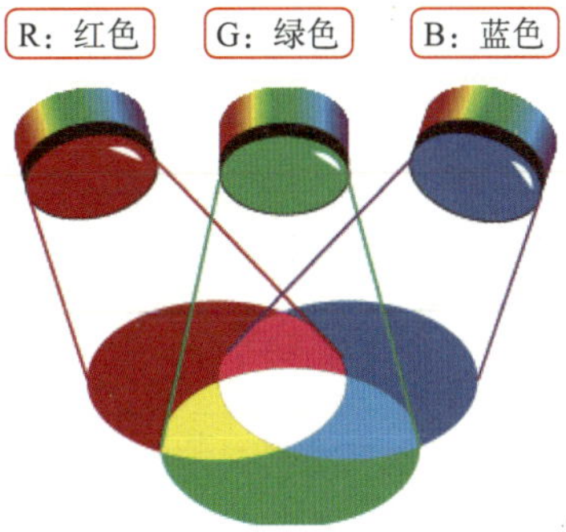

图2-50 加色原色（RGB颜色）

减色原色是指一些颜料，当按照不同的组合将这些颜料添加在一起时，可以创建一个色谱。与显示器不同，打印机使用减色原色（青色、洋红色、黄色和黑色颜料）并通过减色混合来生成颜色。使用“减色”这个术语是因为这些原色都是纯色，将它们混合在一起后生成的颜色都是原色的不纯版本。例如，橙色是通过将洋红色和黄色进行减色混合创建的，如图2-51所示。

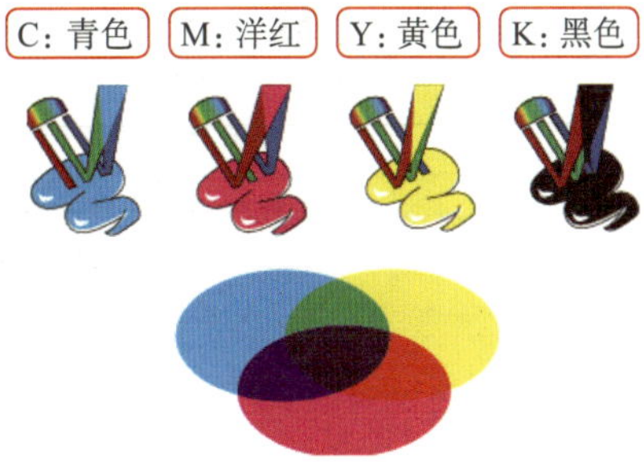

图2-51 减色原色（CMYK颜色）

如果是第一次调整颜色分量，在处理色彩平衡时，可以使用色轮来预测一个颜色分量中的更改如何影响其他颜色，并了解这些更改如何在RGB和CMYK颜色模型之间转换。

例如，通过增加色轮中相反颜色的数量，可以减少图像中某一颜色的数量，反之亦然。在标准色轮上，处于相对位置的颜色被称为补色。同样，通过调整色轮中两个相邻的颜色，甚至将两个相邻的色彩调整为其相反的颜色，可以增加或减少一种颜色。

在CMYK图像中，可以通过减少洋红色数量或增加其互补色的数量来减淡洋红色，洋红色的互补色为绿色（在色轮上位于洋红色的相对位置）。在RGB图像中，可以通过删除红色和蓝色或通过添加绿色来减少洋红。所有这些调整都会得到一个包含较少洋红的整体色彩平衡，如图2-52所示。

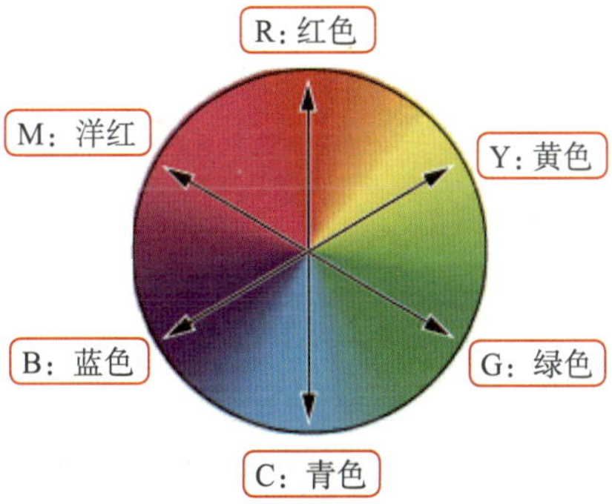

图2-52 标准色轮

2.4.5 颜色基本设置

1. “颜色”面板

“颜色”面板可以显示当前前景色和背景色的颜色值。使用“颜色”面板中的滑块，可以利用几种不同的颜色模型来编辑前景色和背景色，也可以从显示在面板底部的四色曲线图的色谱中选取前景色或背景色。在执行“窗口/颜色”命令，即可打开“颜色”面板，如图2-53所示。

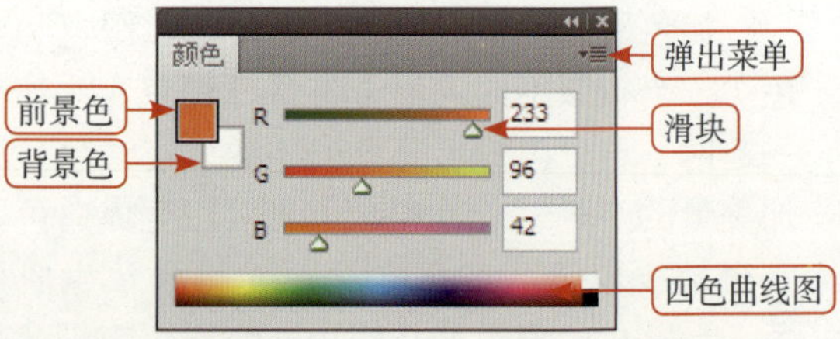

图2-53 “颜色”面板

单击“前景色”图标，可以通过拖动滑块设置前景色，也可以在“四色曲线图”中设置前景色，如图2-54所示。

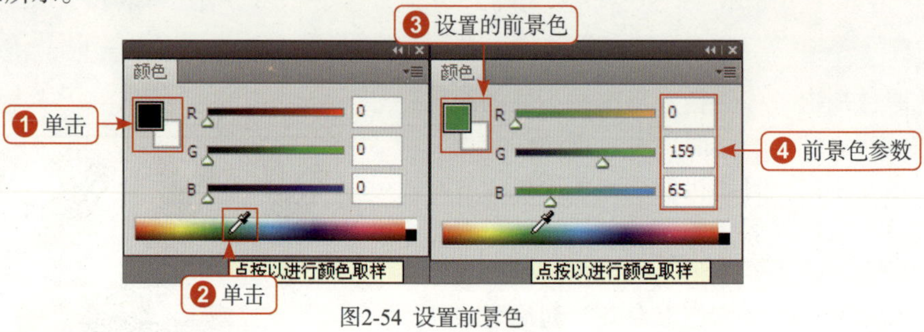

图2-54 设置前景色

背景色的设置方法与前景色相同，单击“弹出菜单”按钮，会弹出对应的菜单，在此处可以选择其他颜色模式，不同颜色模式的“颜色”面板也是不同的，选择过程如图2-55所示。

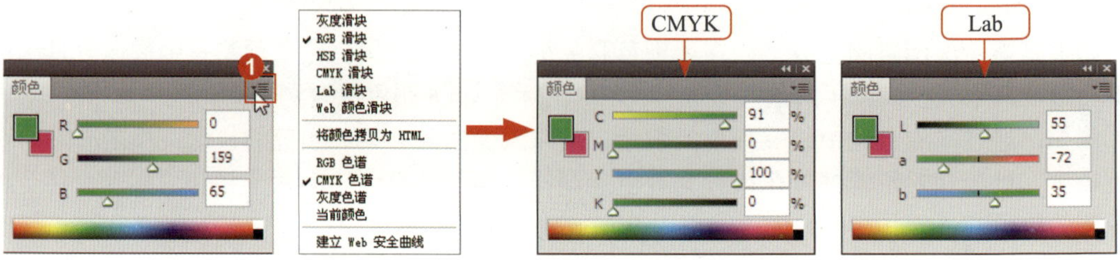

图2-55 更改颜色模式面板

•温馨提示•

当选取不能使用CMYK油墨打印的颜色时，四色曲线图左侧上方将出现一个内含惊叹号的三角形⚠；当选取的颜色不是Web安全色时，四色曲线图左侧上方将出现一个立方体。

2. “色板”面板

“色板”面板可存储经常使用的颜色。可以在面板中添加或删除颜色，或者为不同的项目显示不同的颜色库。执行“窗口/色板”命令，即可打开“色板”面板，如图2-56所示。

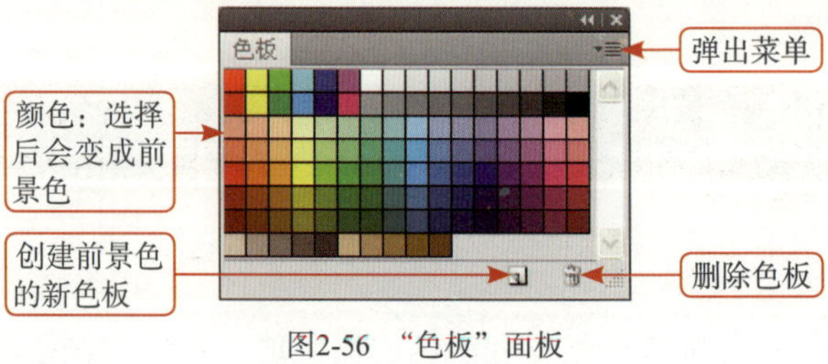

图2-56 “色板”面板

在面板中单击“创建前景色的新色板”按钮，可以将前景色添加到色板中，如图2-57所示；拖动色板中的颜色到“删除”按钮上会将其删除，如图2-58所示。

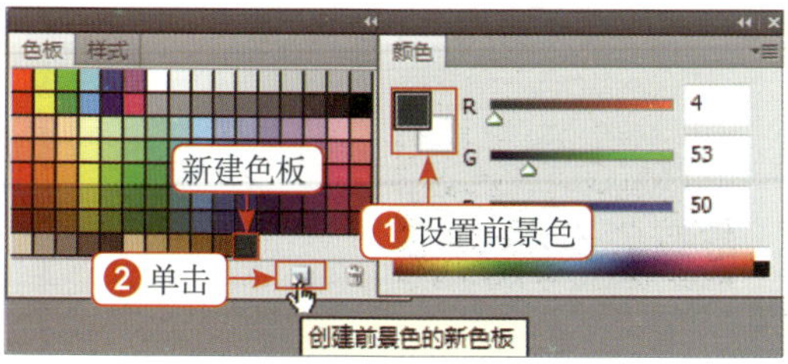

图2-57 添加色板

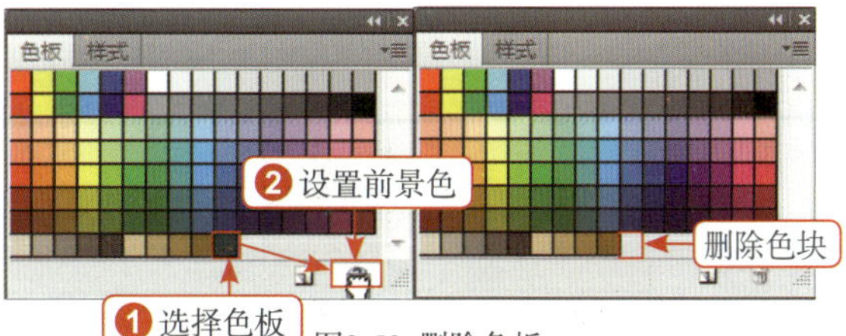

图2-58 删除色板

2.4.6 色彩采集

在为网店搭配颜色时，有些制作人员没有色彩知识，在不懂得色彩组合原理的情况下，制作人员如何能够为自己的网店搭配与产品相呼应的页面色彩呢？在Photoshop中采集色彩的方法一般是通过“吸管工具”在产品的某个颜色上单击，此时就会将当前的选取颜色作为“工具箱”中的前景色，如图2-59所示。

图2-59 吸取颜色

在“拾色器”对话框中可以看到当前采集的颜色信息，如图2-60所示。

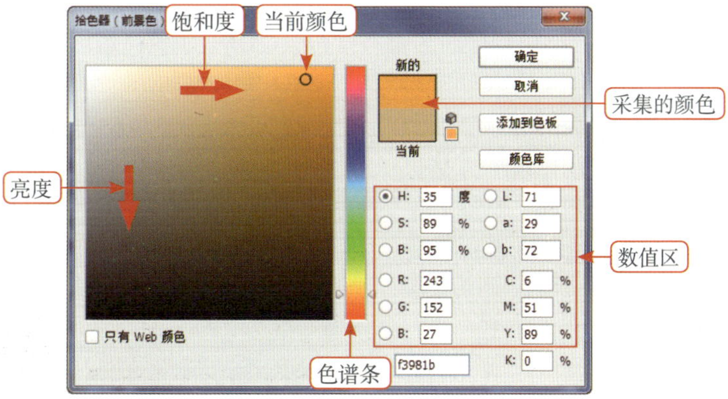

图2-60 拾色器

如果在数值区更改数字，此时会明显看到之前的颜色与更改后的颜色，如图2-61所示。

勾选“只有Web颜色”复选框后，在“拾色器”对话框中只会显示应用于网页的颜色，如图2-62所示。采集完毕的颜色就可以将其作为与产品相对应的主色、辅助色或点缀色。

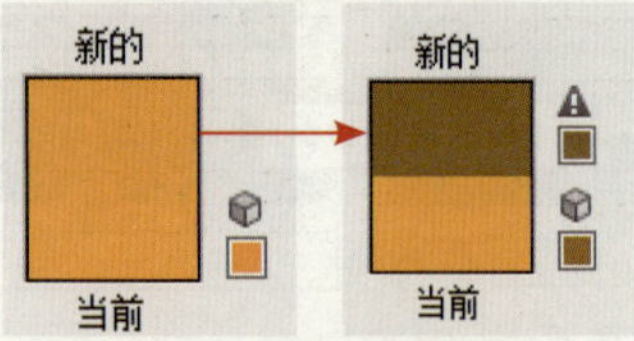

图2-61 改变数值时的颜色对比

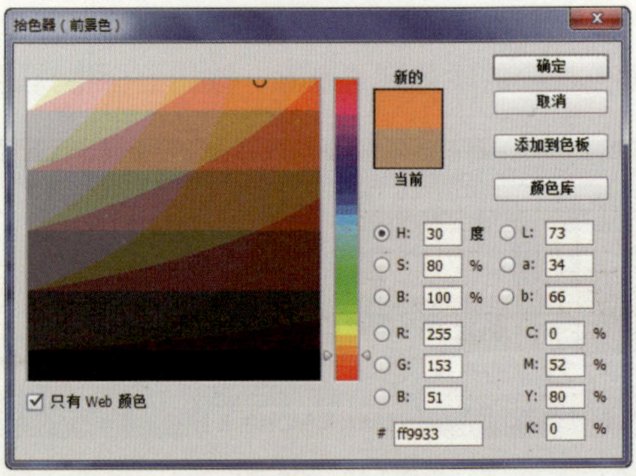

图2-62 应用于web的颜色

2.4.7 调整颜色建议

在为商品网拍时，很多时候会涉及人物、场景等，通常会对拍摄的照片进行相应地调整，此时就要了解一些照片色彩调整的相关知识，具体可参考表2-2。

表2-2 拍摄时需注意的色彩知识

拍摄对象	需注意的事项
人物	发丝尽可能清晰，牙齿应当洁白，纯白会使图像失真，发黄或发灰看起来也会觉得不舒服
织物	黑色或白色不要过于鲜亮，否则会失真。黄色的百分比太高会使白色显得灰暗，青色值太低会使红色发生振荡，黄色值太低会使蓝色发生振荡
户外景色	检查图像中的灰色物体，确保灰色没有偏色。洋红和青色的关系决定天空的明暗，洋红增多时，天空会由亮蓝变为墨蓝
雪景	雪不应为纯白色，否则会丢失细节。应集中精力在高光区域添加细节
夜景	黑色区域不应为纯黑色，否则会丢失细节。应集中精力在阴影区域添加细节

2.4.8 识别色域范围外的颜色

大多数扫描的照片在CMYK色域中都包含RGB颜色，将图像转换为CMYK模式会轻微地改变这些颜色。数字化创建的图像经常包含CMYK颜色色域以外的RGB颜色。

• 注意 •

色域范围以外的颜色可以被“颜色”面板、拾色器和“信息”面板中颜色样本旁边的惊叹号来标识，如图2-63所示。

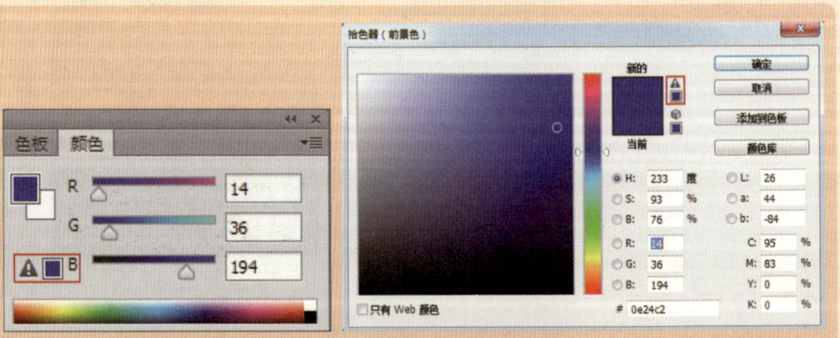

图2-63 加色原色（RGB颜色）

如何查看当前图片是否存在色域范围的颜色，我们可以通过Photoshop来完成，色域外的颜色指的是打印时超出的颜色范围，识别方法如下：

01 启动photoshop软件，打开一张户外帐篷图片，如图2-64所示。

02 执行菜单栏中的“视图/色域警告”命令，Photoshop将创建一个颜色转换表并用中性灰色显示在色域以外的颜色，如图2-65所示。

图2-64 打开素材

灰色

图2-65 色域警告

03 为了将颜色放到CMYK色域中，只要执行菜单栏中的“图像/模式/CMYK模式”命令，此时色域警告的颜色会消失，效果如图2-66所示。

Adobe Photoshop CC 2014
您即将转换为使用
"Japan Color 2001 Coated" 配置文件的 CMYK。这可能不是您所期望的。
要选择其它配置文件，请使用"编辑">"转换为配置文件"。
确定
取消
不再显示

图2-66 转换为CMYK模式

2.4.9 图像编修流程

在为网店上传宝贝时，通常会发现网拍的商品颜色不是很多，或者是由于模特时间匆忙或拍摄者掌握不好拍摄角度而没有将所有同款衣服不同颜色都进行拍照，或者拍摄时由于天气或对相机的不熟悉而产生的曝光不足，或者是想对已拍摄的产品进行突出处理。遇到这些问题，我们就需要借助一些软件来进行完全的风格调整。

对于扫描到电脑中的每张图片都存在或多或少的问题，但在处理时无外乎进行曝光调整、色彩调整两个主要步骤，具体可以参考表2-3所示。

表2-3 网店商品图像编修流程表

编修顺序	曝光调整	色彩调整	摆正、裁剪、调大小	瑕疵修复	清晰度
调整方法	查看相片的明暗分布状况 调整整体亮度与对比度 修正局部区域的亮度与对比度	移除整体色偏 修复局部区域的色偏 强化图像的色彩 更改图像色调	转正横躺的直幅相片与歪斜相片 矫正变形图像 裁剪图像修正构图 调整图像大小 更改画布大小	清除脏污与杂点 去除多余的杂物 人物美容	增强图像锐化度提升照片的清晰效果 改善模糊相片

2.5 店铺页面安全色

网页安全色是当红色、绿色、蓝色颜色数字信号值为0、51、102、153、204、255时构成的颜色组合，它一共有6×6×6 = 216种颜色（其中彩色为210种，非彩色为6种），如图2-67所示。

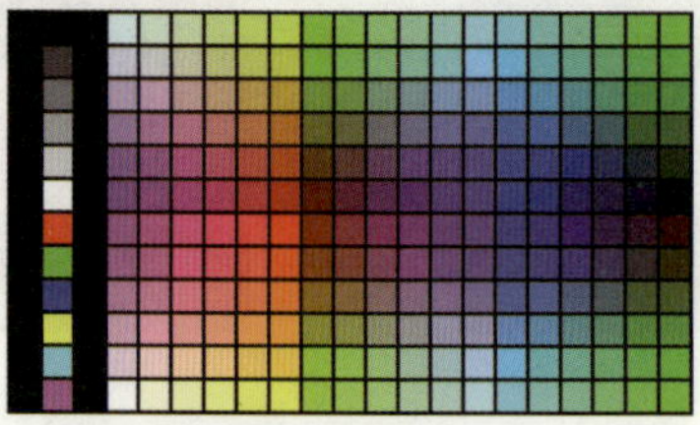

图2-67 颜色表

216网页安全色是指在不同硬件环境、不同操作系统、不同浏览器中都能够正常显示的颜色集合（调色板），也就是说这些颜色在任何终端浏览用户显示设备上的显示效果都是相同的。所以使用216网页安全色进行网页配色可以避免原有的颜色失真问题。

详细的网页安全色如图2-68所示。

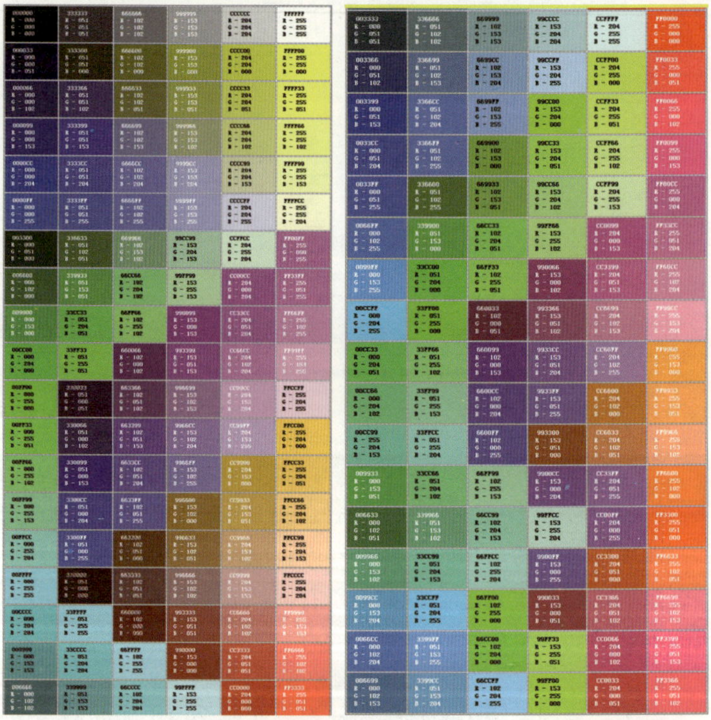

图2-68 颜色表

2.6 常用移动端网店图片格式

1. JPEG格式

JPEG图像在打开时自动解压缩。压缩级别越高，得到的图像品质越低；压缩级别越低，得到的图像品质越高。在大多数情况下，“最佳”品质选项产生的结果与原图像几乎无分别。

JPEG格式图像保留RGB图像中的所有颜色信息，但通过有选择地扔掉数据来压缩文件大小。

2. GIF格式

图形交换格式（GIF）是在World Wide Web及其他联机服务上常用的一种文件格式，用于显示超文本标记语言（HTML）文档中的索引颜色图形和图像。GIF是一种用LZW压缩的格式，目的在于最小化文件大小和电子传输时间。GIF格式保留索引颜色图像中的透明度，但不支持Alpha通道。

GIF格式支持动画和透明背景，因此被广泛应用于网页文档中。但是GIF格式使用8位颜色，仅包含256种颜色，因此，将24位图像优化为8位的GIF格式时会损失掉部分颜色信息。

3. PNG格式

便携网络图形（PNG）格式是作为GIF的无专利替代品开发的，用于无损压缩和在Web上显示图像。与GIF不同，PNG支持24位图像并产生无锯齿状边缘的背景透明度；但是，某些Web浏览器不支持PNG图像。PNG格式支持无Alpha通道的RGB、索引颜色、灰度和位图模式的图像。PNG保留灰度和RGB图像中的透明度。

•温馨提示•

用于网络的图像被压缩的越小，在网页中打开的速度就越快，但是被压缩后图像都会丢失自身的一些颜色信息。

2.7 装修导览图

在对移动端网店进行装修时，首先要先绘制一个装修导览图，在导览图中可以具体查看需要装修的区域。如图2-69所示为移动端网店装修导览图。

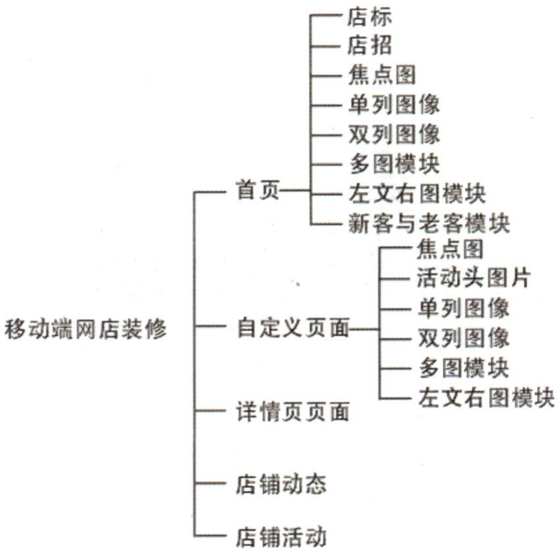

图2-69 移动端网店装修导览图

第3章 图像处理基础

本章主要为大家介绍网店中参与装修时图片的一些处理与编修内容，一个网店在视觉上想要吸引买家眼球，图片的作用功不可没。恰恰是这些图片都是各个元素的重要组成部分，在细节的处理上就要了解一些关于这方面的知识，例如裁剪、图像调色、图像瑕疵修复、抠图以及修饰等等。

重点提示

★ 图像处理软件的认识
★ 符合移动端网店图片的裁剪
★ 图像调色处理
★ 图像瑕疵修复
★ 图像抠图
★ 图像的修饰

3.1 图像处理软件的认识

对于图像的调整我想没有比Photoshop软件更加合适了，在学习Photoshop软件时，首先要了解软件的工作界面，以后的所有操作都要在此界面中完成。启动Photoshop CC软件并打开一个素材文件后，大家会看到一个如图3-1所示的工作界面。

图3-1 Photoshop CC工作界面

- 菜单栏：Photoshop CC将所有命令集合分类后，扩展版放置在11个菜单中，普及版放置在9个菜单中。利用下拉菜单命令可以完成大部分图像编辑处理工作。
- 属性栏（选项栏）：位于菜单栏的下方，选择不同工具时会显示该工具对应的属性栏（选项栏）。
- 工具箱：通常位于工作界面的左面，由20组工具组成。
- 工作窗口：显示当前打开文件的名称、颜色模式等信息。
- 状态栏：显示当前文件的显示百分比和一些编辑信息，如文档大小、当前工具等。
- 面板组：位于界面的右侧，将常用的面板集合到一起。使用“时间轴”时，会在最下面显示该面板。

3.1.1 工具箱

Photoshop的工具箱位于工作界面的左侧，所有工具全部放置到工具箱中。要使用工具箱中的工具，只要单击该工具图标即可在文件中使用。如果该图标中还有其他工具，单击鼠标右键即可弹出隐藏工具栏，对其中的工具单击即可使用。如图3-2所示为Photoshop CC的工具箱。

• 技巧 •

Photoshop从CS3版本之后，只要在“工具箱”顶部单击三角形转换符号,就可以将“工具箱”的形状在单长条和短双条之间切换。

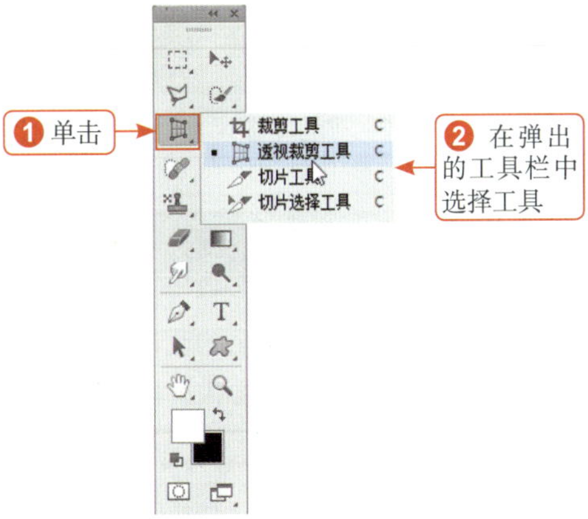

图3-2 工具箱

3.1.2 属性栏（选项栏）

Photoshop的属性栏（选项栏）提供了控制工具属性的选项，其显示内容根据所选工具的不同而发生变化。选择相应的工具后，Photoshop的属性栏（选项栏）将显示该工具可使用的功能和可进行的编辑操作等，属性栏一般被固定在菜单栏的下方。如图3-3所示为在工具箱中单击⬚（矩形选框工具）后，显示的该工具的属性栏（选项栏）。

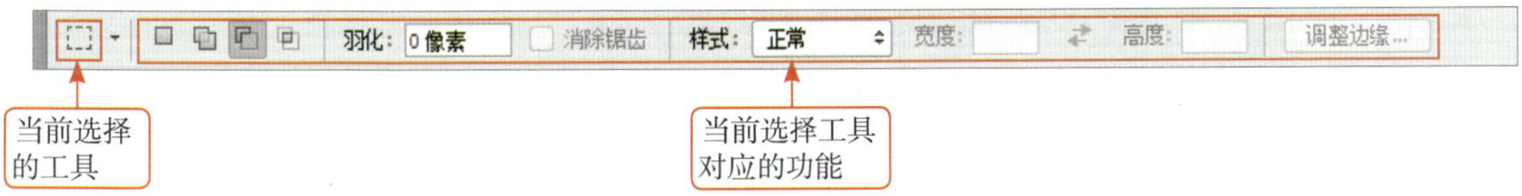

图3-3 属性栏

3.1.3 菜单栏

Photoshop的菜单栏由“文件”“编辑”“图像”“图层”“类型”“选择”“滤镜”“3D”“视图”“窗口”和“帮助”11个类菜单组成，包含了操作时要使用的所有命令。要使用菜单中的命令，只需将鼠标光标指向菜单中的某项并单击，此时将显示相应的下拉菜单，在下拉菜单中选择要使用的菜单选项，即可执行此命令。如图3-4所示为执行“滤镜/风格化”命令后的下拉菜单。

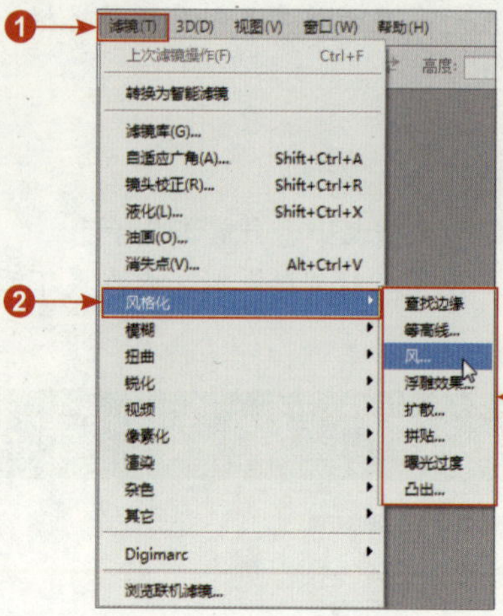

图3-4 菜单栏

> **•技巧•**
>
> 如果菜单中的命令呈现灰色，则表示该命令在当前编辑状态下不可用；如果在菜单右侧有一个三角形符号▶，则表示此菜单包含有子菜单，只要将鼠标移动到该菜单上，即可打开其子菜单；如果在菜单右侧有省略号（…），则表示执行此菜单命令后会弹出与之相关的对话框。

3.1.4 状态栏

状态栏位于工作界面的底部，用来显示当前打开文件的一些信息，如图3-5所示。单击三角形符号▶打开子菜单，包含状态栏所有可显示的选项。

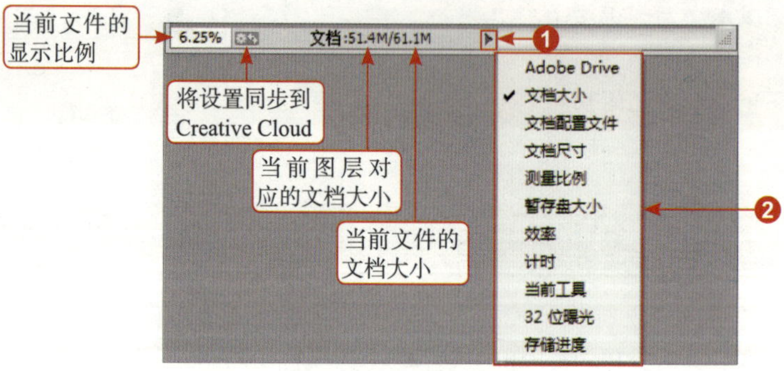

图3-5 状态栏

其中各项的含义如下。

- Adobe Drive：用来连接Version Cue服务器中的Version Cue项目，可以让设计人员合理处理公共文件，从而轻松跟踪或处理多个版本的文件。
- 文档大小：在图像所占空间中显示当前所编辑图像的文档大小。
- 文档配置文件：在图像所占空间中显示当前所编辑图像的图像模式，如RGB颜色、灰度、CMYK颜色等。
- 文档尺寸：显示当前所编辑图像的尺寸大小。
- 测量比例：显示当前进行测量时的比例尺。
- 暂存盘大小：显示当前所编辑图像占用暂存盘的大小情况。
- 效率：显示当前所编辑图像操作的效率。
- 计时：显示当前所编辑图像操作所用去的时间。
- 当前工具：显示当前编辑图像时用到的工具名称。

- 32位曝光：编辑图像曝光只在32位图像中起作用。
- 存储进度：Photoshop CC新增的功能，用来显示后台存储文件时的时间进度。

3.1.5 面板组

从Photoshop CS3版本之后，面板组可以将不同类型的面板归类到相对应的组并将其停靠在右侧面板组中，在处理图像时需要哪个面板只要单击标签就可以快速找到相对应的面板。Photoshop CC版本在默认状态下，只要执行“菜单/窗口”命令，即可在下拉菜单中选择相应的面板，然后该面板就会出现在面板组中。如图3-6所示为展开状态下的面板组。

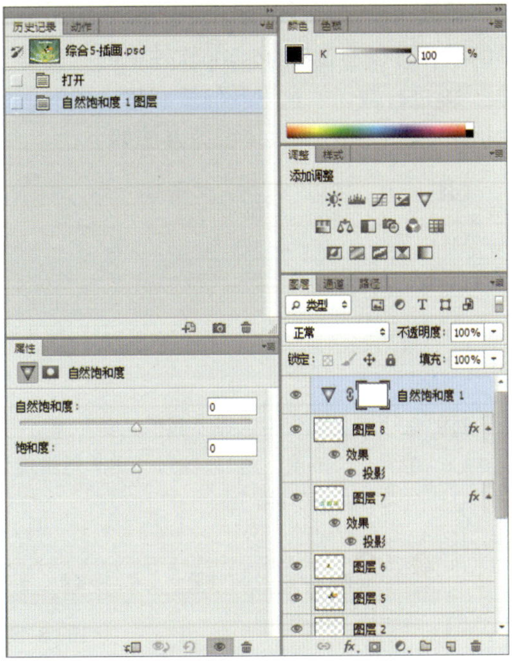

图3-6 展开的面板组

•温馨提示•

工具箱和面板组默认处于固定状态，只要使用鼠标拖动上面的标题到工作区域，就可以将固定状态变为浮动状态。当工具箱或面板处于固定状态时关闭，再打开后工具箱或面板仍然处于固定状态；当工具箱或面板处于浮动状态时关闭，再打开后工具箱或面板仍然处于浮动状态。

3.2 符合移动端网店图片的裁剪

在淘宝移动端网店中除了发布的宝贝以外，一些特定的区域图片都是需要固定大小的。如果插入的图片不符合，在手机装修界面会自动弹出裁剪，通过拖动来选取固定大小的区域。但是如果通过装修界面进行裁剪，那么就会把之前设计的效果完全打乱，所以在插入图片之前一定要先了解该区域图片的大小，所谓磨刀不误砍柴工，就是在前期将图片按照固定大小进行创建或裁剪，在这个基础上再进行视觉方面的设计，只有这样才能真正达到事半功倍的效果。

对已经存在的图片进行固定大小的裁剪时，可以通过photoshop软件中的（裁剪工具）或（矩形选框工具）来进行操作。

在移动端淘宝店铺中进行装修时，首先要了解各个图片的尺寸规格。

- 新版店招规格：建议选择750×254尺寸的图片，类型为jpg、png。
- 新/老客规格：建议选择608×336尺寸的图片，类型为jpg、png。
- 图文类中单列图片模块：建议选择608×（200-960）尺寸的图片，类型为jpg、png。
- 图文类中双列图片模块：建议选择296 ×160尺寸的图片，类型为jpg、png。
- 图文类中多图模块：建议选择248 ×146尺寸的图片，类型为jpg、png。
- 图文类中轮播图模块：建议选择640×320尺寸的图片，类型为jpg、png。

- 图文类中左文右图模块：建议选择608×160尺寸的图片，类型为jpg、png。
- 活动头图片模块：建议选择640×304尺寸的图片，类型为jpg、png。

3.2.1 按区域裁剪出固定大小图片

如果在已经存在的图片中选取局部作为背景的话，可以通过Photoshop软件中的“裁剪工具”进行裁切。这里我们按照移动端网店的店招大小进行操作，具体裁剪方法如下：

01 打开“海边”素材，如图3-7所示。

图3-7 素材

02 在“工具箱”中选择“裁剪工具”，在属性栏中选择“宽×高×分辨率”，设置“宽度”为608像素，“高度”为336像素，由于是上传到手机网店的图像，所以将“分辨率”设置为“72像素/英寸”，如图3-8所示。

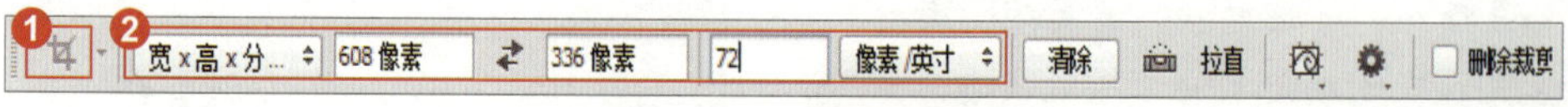

图3-8 设置“裁剪工具”

03 工具属性设置完成后，使用鼠标在图像中选择裁切的起始点，然后在图像中按住鼠标拖动，释放鼠标的位置即是裁剪框的终点，如图3-9所示。

图3-9 裁剪图像

•温馨提示•

使用“裁剪工具”裁剪图像时，设置裁剪的“宽度”与“高度”后，在图像中无论创建的裁剪框是多大，裁剪后的最终图像大小是一致的。这里执行菜单栏中的“图像/图像大小”命令，打开“图像大小”对话框，在对话框中可以看到裁剪后图像的大小和分辨率，如图3-10所示。

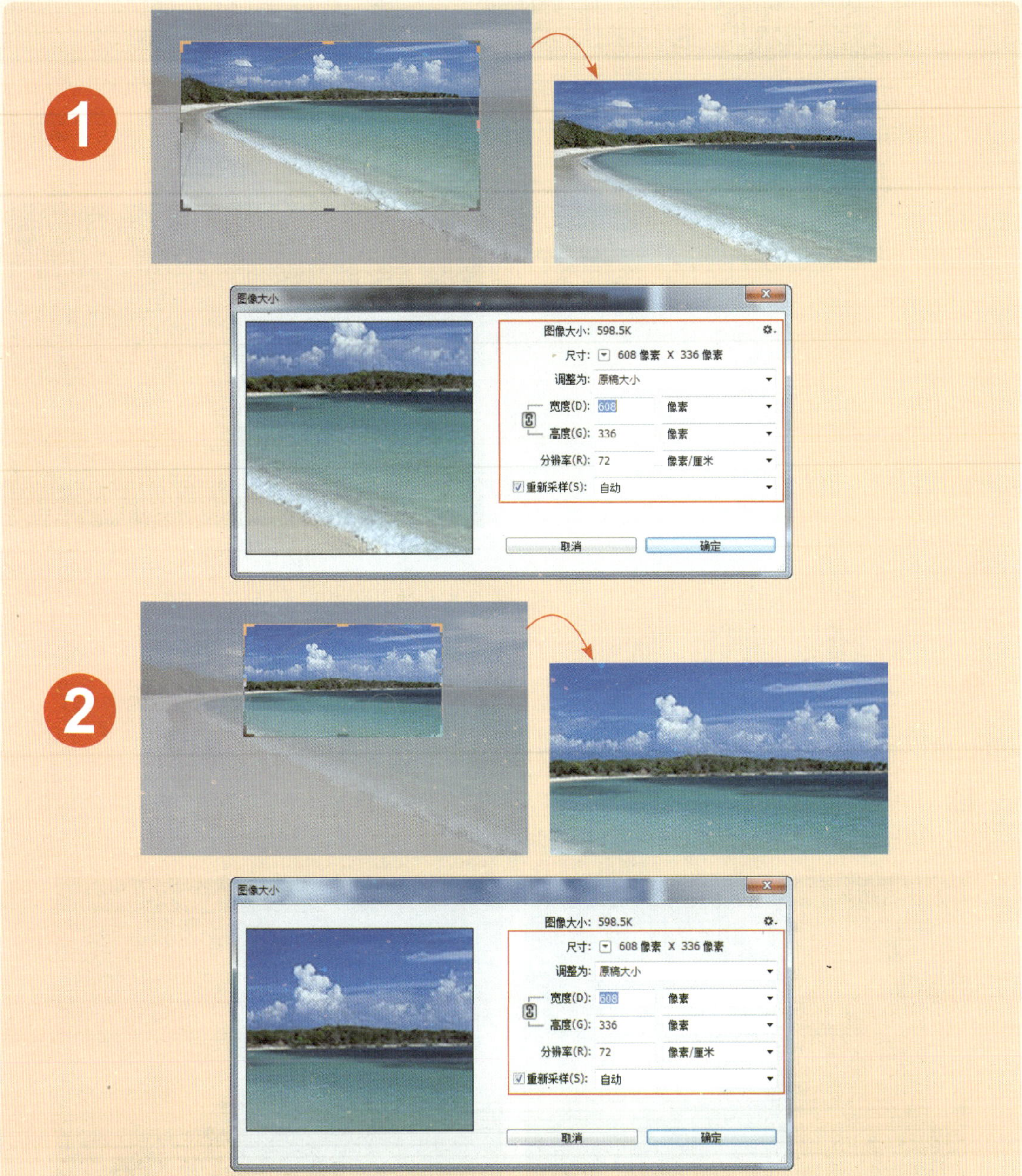

图3-10 裁剪后效果对比

04 裁剪框创建完毕后，按Enter键完成裁切，这里我们可以看到不同裁剪框裁切出来的图像效果，如图3-11所示。

图3-11 裁剪后效果

3.2.2 按固定大小裁剪出图片

如果只想裁剪出固定大小的图像而不管图像区域的话，可以通过Photoshop软件中的“矩形选框工具”结合“裁剪”命令进行裁切。这里我们按照移动端网店的店招大小进行操作，具体裁剪方法如下。

01 打开“风景”素材，如图3-12所示。

图3-12 打开素材

02 在“工具箱”中选择“矩形选框工具”，在属性栏的“样式”下拉列表中选择“固定大小”，设置“宽度”为608像素，“高度”为336像素，如图3-13所示。

图3-13 设置“矩形选框工具”

03 工具属性设置完成后，使用“矩形选框工具”在图片上单击，即可创建一个按照属性设置大小的矩形选区，选区位置可以移动，如图3-14所示。

图3-14 创建的选区

•温馨提示•

使用“矩形选框工具”创建固定选区后，如果选取的位置不理想，可以将“选区模式”设置为（新选区），此时只要在选区内部按住鼠标左键拖动就可以改变选区的位置，或者创建选取后，使用键盘上的方向键调整选区的位置。

04 选区创建完毕后，执行菜单栏中的“图像/裁剪”命令，就可以将原图像裁剪为选区范围的图像大小，在“图像大小”对话框中可以查看裁剪后的图像尺寸，如图3-15所示。

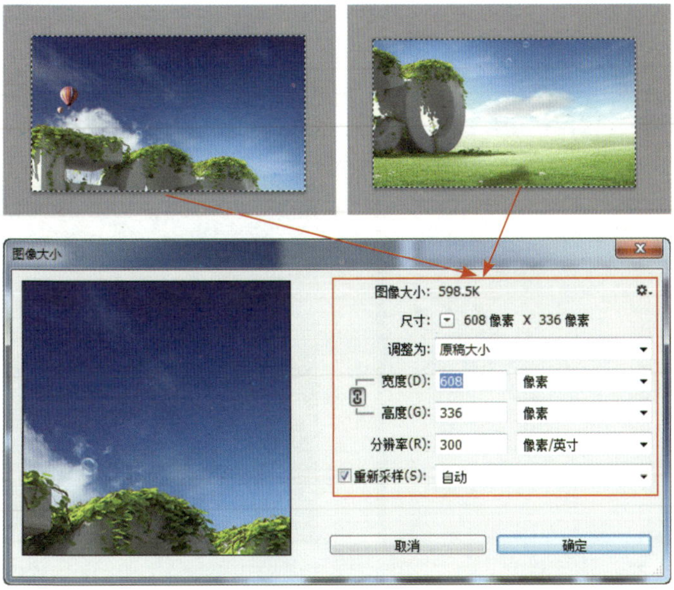

图3-15 裁剪后效果

3.3 图像调色处理

为宝贝拍摄时并不是所有的图像都能达到理想效果，有时会因为环境的问题，拍出的图片出现发暗、曝光不足、颜色不正等瑕疵，本节就以案例的方式为大家讲解通过Photoshop CC校正此类图片的方法。

3.3.1 处理曝光不足的图片

在光照良好或光线不足的环境中拍摄图片时，如果没有控制好相机的设置，就会拍出太亮或太暗的图片。如果是曝光不足，画面会就出现发灰或发黑的效果，从而影响图片的质量。要想将图片以最佳的状态进行存储，一是在拍摄时调整好光圈、角度和位置，以得到最佳效果；二是图片拍坏后，使用photoshop对其进行修改，得到最佳效果。本例就为大家讲解使用“色阶”命令修正拍照时曝光不足而产生的发灰效果。具体操作如下：

01 启动photoshop软件，打开一张曝光不足的图片，如图3-16所示。

02 执行菜单栏中的“图像/调整/色阶”命令或按Ctrl+L组合键，打开“色阶”对话框，如图3-17所示。

图3-16 打开素材

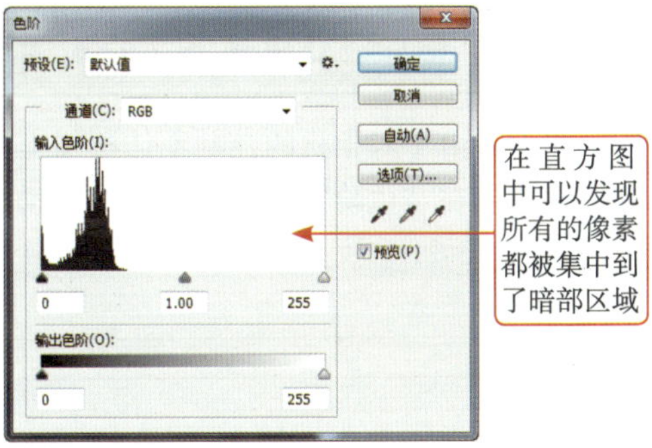

图3-17 “色阶”对话框

03 在对话框中向左拖动“高光”控制滑块到有像素分布的区域，如图3-18所示。

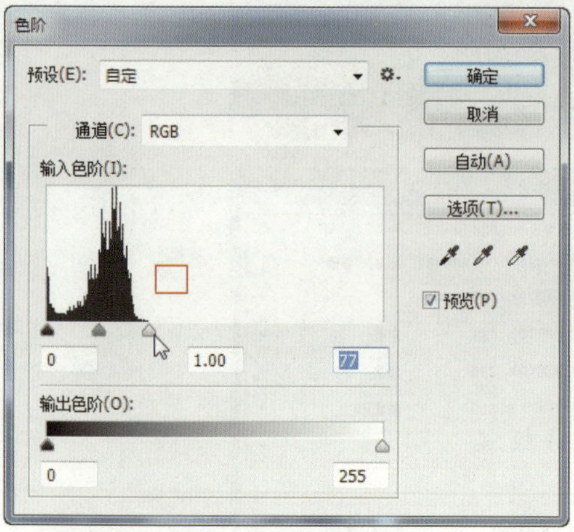

图3-18 拖动控制滑块

04 设置完毕后单击“确定”按钮，此时已经校正了曝光不足的问题，效果如图3-19所示。

图3-19 调整后效果

• 技巧 •

在“色阶”对话框中，直接拖动控制滑块可以对图像进行色阶调整，也可以直接在文本框中输入数值。

对于初学者来说，使用对话框有可能不太习惯，大家可以直接通过菜单命令调整曝光不足产生的图片发灰/暗效果，只要执行菜单栏中的“图像/自动色调”命令，就可以快速调整曝光不足的问题，如图3-20所示。

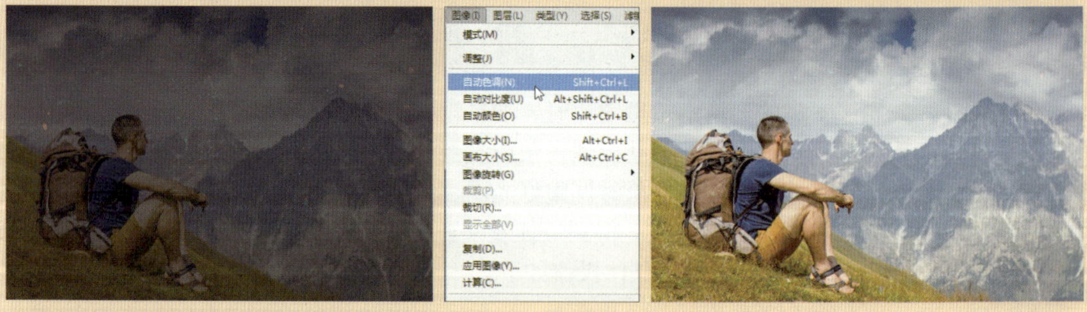

图3-20 自动色调

3.3.2 调整图片的对比度

有时由于对相机的控制不佳再加上光线过强，会拍出图片整体发白的效果，使其对比不够强烈。只要在“色阶”对话框中向右拖动“阴影”滑块到有像素分布的区域，即可增加图片的对比度，如图3-21所示。

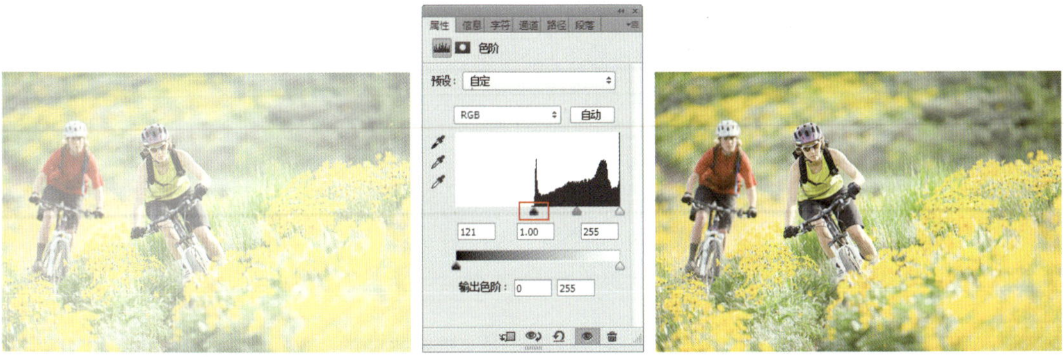

图3-21 增加对比度

3.3.3 处理偏色的图片

由于拍摄的原因常常会出现偏色的问题，本例为大家介绍使用photoshop轻松修正图片偏色的方法。具体操作如下：

01 启动Photoshop软件，打开一张偏色图片，如图3-22所示。

图3-22 打开素材

02 执行菜单栏中的“窗口/信息”命令，打开“信息”面板，在“工具箱”中选择“吸管工具”，并设置“取样大小”为“3×3平均”，如图3-23所示。

图3-23 设置“吸管工具”

• 注意 •

如果想确认照片是否偏色，最简单的方法就是使用“信息”面板查看照片中灰色的位置，因为灰色属于中性色，所以这些区域的RGB颜色值应该是相等的，如果发现某个数值太高，就可以判断该图片为偏色照片。

03 选择“吸管工具”后，将鼠标指针移到图片中的汽车上，此时在“信息”面板中发现RGB颜色值明显不同，红色远远小于绿色与蓝色，说明图片为少红问题，如图3-24所示。

图3-24 查找灰色

04 在“图层”面板中单击“创建新的填充或调整图层”按钮，在弹出的菜单中选择“色阶”命令，如图3-25所示。

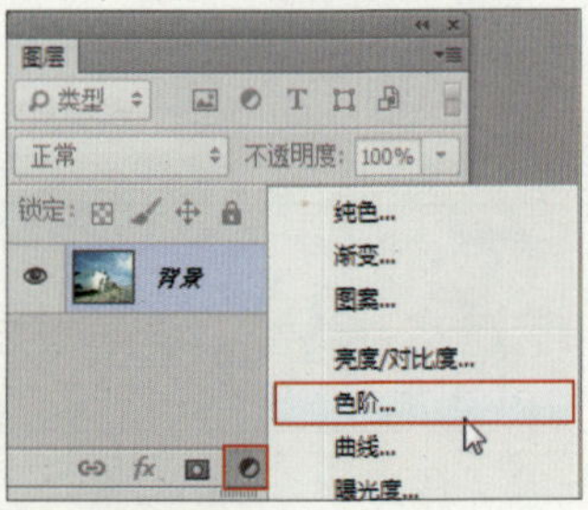

图3-25 选择“色阶”命令

05 打开色阶“属性”面板，由于图像缺少红色，因此选择“红通道”，向左拖动中间调滑块，使图像中的红色增加，如图3-26所示。

图3-26 调整色阶

06 再次将鼠标指针移到灰色区域，在“信息”面板中，查看RGB颜色值后发现数值已经比较接近，表示已经不偏色了，如图3-27所示。

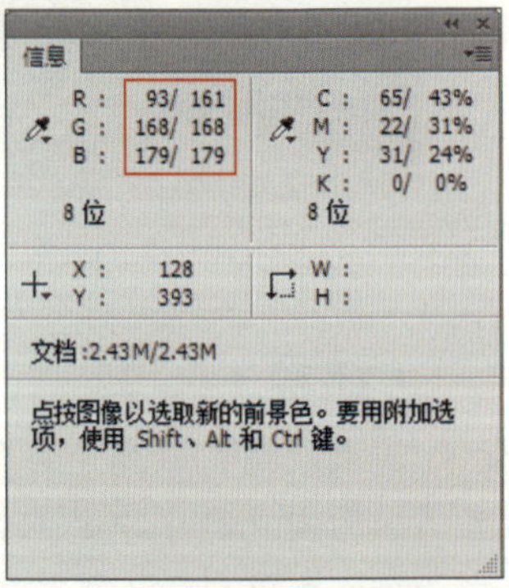

图3-27 “信息”面板

• 技巧 •

还可以通过“色彩平衡”和“曲线”命令调整偏色问题。

3.3.4 增加多种商品颜色

在对产品进行网拍时，由于颜色不全而造成有的颜色产品没有被拍照，这样就无法上传，等到产品到货后，再拍就会浪费很多的时间，此时只要使用photoshop中的“色相/饱和度”命令，即可轻松将一种颜色变为多种颜色。具体操作如下：

01 启动photoshop软件，打开一张女款冲锋衣图片，如图3-28所示。

02 在“图层”面板中单击“创建新的填充或调整图层”按钮，在弹出的菜单中选择“色相/饱和度”命令，如图3-29所示。

图3-28 对开素材

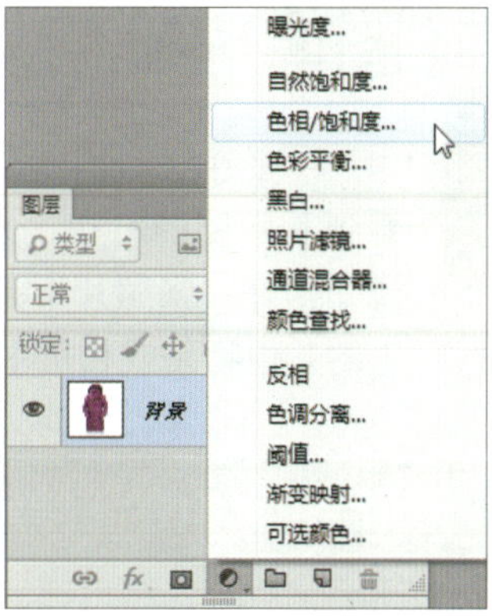

图3-29 选择“色相/饱和度”命令

03 在打开的色相/饱和度“属性”面板中，由于调整的只是衣服颜色，因此我们选择“洋红”，然后拖动“色相”控制滑块，此时通过预览可以看到衣服颜色发生了变化，如图3-30所示。

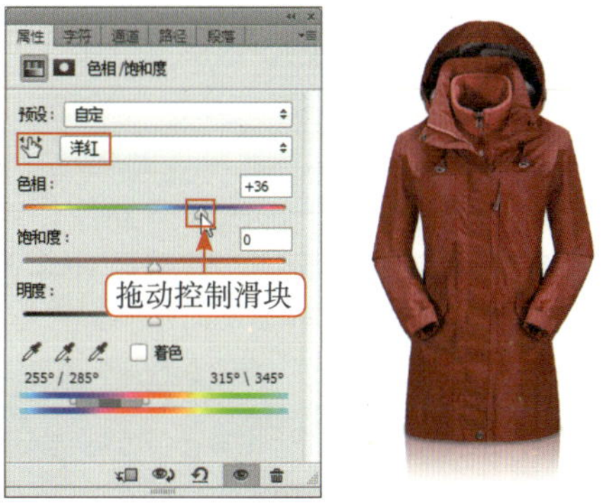

图3-30 调整“色相/饱和度”

04 在色相/饱和度“属性”面板中调整不同的“色相”参数，可以得到多种颜色，效果如图3-31所示。

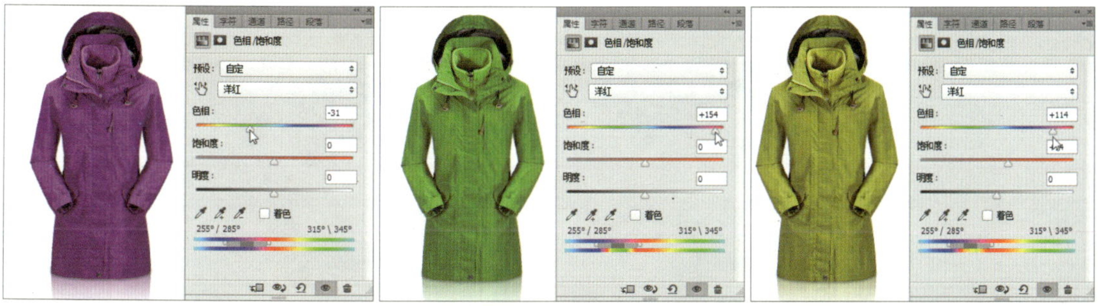

图3-31 调整颜色

•技巧•

使用“色相/饱和度”调整颜色时，调整范围如果选择是单色，会只对选取的颜色进行调整；如果选择的是全图，会针对所有颜色进行调整，创建选区后可以只对选区内的图像进行调整，如图3-32所示。要想改变灰度图像的色相，必须先勾选“着色”复选框。

图3-32 调整颜色

3.4 图像瑕疵修复

一张好的网拍商品不但可以直观地展示该商品所具有的图形信息，还能从中看到其主要的特色，从而加大销售的砝码为店主创造利润。对于大多数店主来说，拍好一张照片不是一件容易的事情，由于环境光线、商品摆放角度、没有移走的其他物品或相机中自动添加日期都会对当前照片起到一定的副作用。

3.4.1 清除图片中的日期或瑕疵

图片中自带的日期或宝贝边缘的杂物、背景中的人物、溅到宝贝上的污渍等，都需要我们通过后期的操作将其清除，在Photoshop中能够完成此类操作的工具及命令，主要有“修补工具”、“污点修复画笔工具”、“修复画笔工具”和“内容识别”填充命令等。

1. 修补工具的使用方法

该工具是通过创建的选区来修复目标或源，例如在照片中日期或污渍上创建选区，使用“修补工具”拖动选区内容到与背景纹理一致的区域，释放鼠标即可清除日期，如图3-33所示。

图3-33 “修补工具”修复过程

2. “内容识别”填充修复照片中的污点

“内容识别”填充可以结合选区将图像中的多余部分进行快速修复，应用方法是在污点周围创建选区。执行菜单栏中的“编辑/填充”命令，打开“填充”对话框，在“使用”下拉列表中选择“内容识别”选项，应用此功能可以修复污点区域，如图3-34所示。

3. 修复画笔工具修复照片中的水印

使用“修复画笔工具”可以对被破坏的图片或有瑕疵的图片进行修复。使用该工具进行修复时，首先要进行取样（按住Alt键在图像中单击），再使用鼠标在被修复的位置上涂抹。使用样本像素进行修复的同时可以把样本像素的纹理、光照、透明度和阴影与所修复的像素相融合。

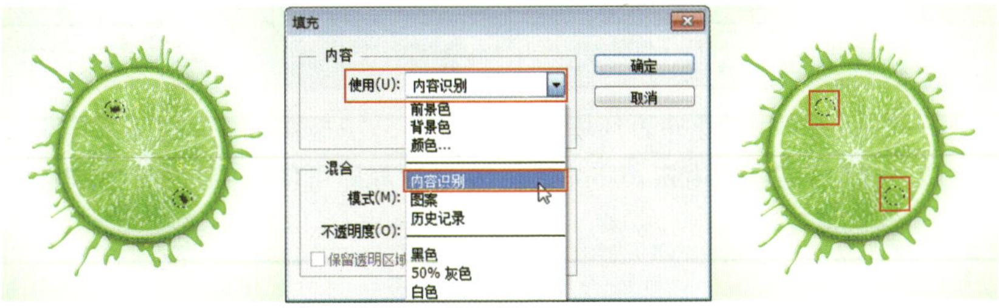

图3-34 “填充”对话框

“修复画笔工具”的使用方法是在需要被修复的图像周围按住Alt键单击鼠标设置源文件的选取点，然后释放鼠标将指针移动到要修复的地方，按住鼠标跟随目标选取点拖动即可以轻松修复，如图3-35所示为修复图像的过程。

图3-35 “修复画笔工具”修复过程

4. 污点修复画笔工具修复照片中的瑕疵

使用“污点修复画笔工具”可以十分轻松地将图像中的瑕疵修复。该工具的使用方法非常简单，只要将鼠标指针移到要修复的位置，按住鼠标拖动即可对图像进行修复，原理是将修复区周围的像素与之相融合来完成修复结果。

“污点修复画笔工具”的使用方法是在要修掉的图像上按住鼠标拖动，即可完成修复，如图3-36所示。

图3-36 修复过程

•温馨提示•

使用“污点修复画笔工具”修复图像时，最好将画笔调整得比污点大一些。如果修复区的边缘像素反差较大，建议在修复周围先创建选取范围再进行修复。

3.4.2 将模糊照片调清晰

使用相机进行网拍时，由于受外界环境的影响或者是拍摄技术原因，常常会使照片效果有一种朦胧模糊的感觉，此时只要使用photoshop进行锐化处理即可使将照片变得清晰，具体的调整方法如下。

01 启动Photoshop软件，打开一张模糊的户外帐篷照片，如图3-37所示。

图3-37 素材

02 执行菜单栏中的“滤镜/模糊/USM锐化”命令，打开“USM锐化”对话框，其中的参数设置如图3-38所示

图3-38 “USM锐化”对话框

• 技巧 •

使用“USM锐化”滤镜对模糊图像进行清晰处理时，可根据照片中的图像进行参数设置，近半身像参数可以比本例的参数设置的小一些，如数量为75%，半径为2像素，阈值为6色阶；若图像为主体柔和的花卉、水果、昆虫、动物，建议设置数量为150%，半径为1像素，阈值可根据图像中的杂色分布情况而定，数值大一些也可以；若图像为线条分明的石头、建筑、机械，建议设置半径为3或4像素，但同时要将数量值稍微减弱，这样才不会导致像素边缘出现光晕或杂色，阈值则不宜设置太高。

03 设置完毕后单击“确定”按钮，效果图3-39所示。

图3-39 最终效果

• 技巧 •

对于一般的模糊照片，只要执行菜单栏中的“滤镜/锐化/锐化”命令，即可将图片调整清晰。

3.4.3 对服装模特面部进行磨皮美容

在为服装拍摄照片时，往往会找适合当前服装的模特作为拍摄的载体，但有时也会因为光线或对相机的不熟悉而造成模特肌肤不够白皙，从而间接影响服装的魅力程度。再美的服装也要模特来衬托，漂亮的模特会大大提升服装本身的价值，本例就教大家为照片中服装模特进行磨皮的方法，具体操作如下。

01 启动Photoshop软件，打开一张服装模特照片，如图3-40所示。

图3-40 打开素材

02 选择“污点修复画笔工具”，在属性栏中设置“模式”为“正常”，“类型”为“内容识别”，在脸上雀斑较大的位置单击，对其进行初步修复，如图3-41所示。

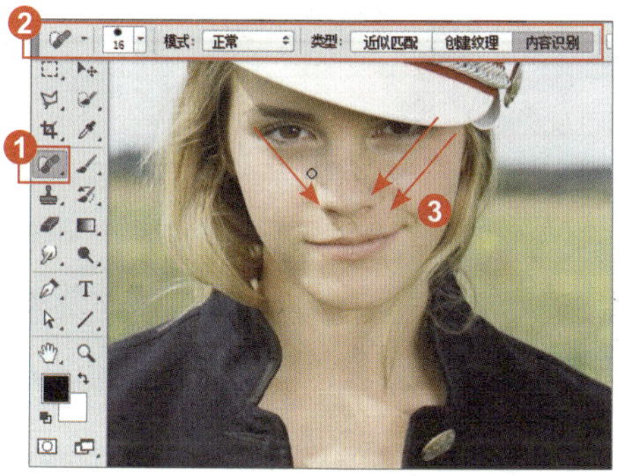

图3-41 设置“污点修复画笔工具”

03 执行菜单栏中“滤镜/模糊/高斯模糊”命令，打开“高斯模糊”对话框，设置“半径”为6.4像素，如图3-42所示。

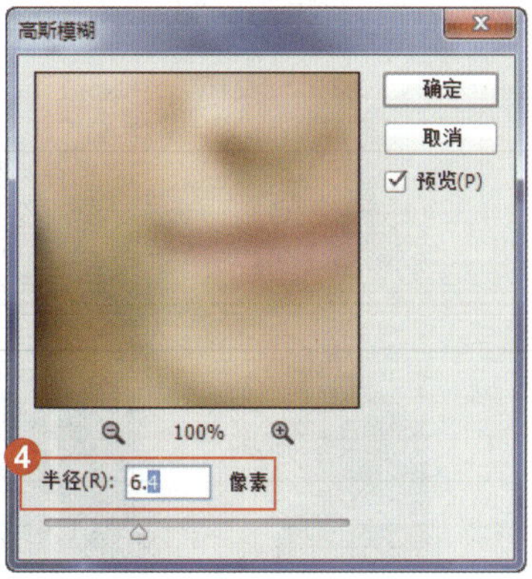

图3-42 “高斯模糊”对话框

04 设置完毕后单击“确定”按钮，效果如图3-43所示。

图3-43 模糊后效果

05 选择“历史记录画笔工具”，在属性栏中设置“不透明度”为38%，“流量”为38%，执行菜单栏中“窗口/历史记录”命令，打开“历史记录”面板，在面板中“高斯模糊”步骤前单击调出恢复源，再选择最后一个“污点修复画笔”选项，使用“历史记录画笔工具”在人物的面部涂抹，效果如图3-44所示。

图3-44 设置历史记录源

•温馨提示•

在使用“历史记录画笔工具”恢复某个步骤时，将“不透明度”与“流量”设置得小一些，可以避免恢复过程中出现较生硬的效果，也可以在同一点进行多次涂抹修复，而不会对图像造成太大的破坏。

06 使用“历史记录画笔工具”在人物面部需要美容的位置进行涂抹，可以在同一位置进行多次涂抹，恢复过程如图3-45所示。

图3-45 恢复过程

07 在人物的皮肤上进行仔细涂抹，直到自己满意为止，效果如图3-46所示。

图3-46 最终效果

•温馨提示•

在对本身皮肤较黑的模特进行肤色美白时，可以通过“色阶”调整命令或使用“减淡工具”直接在皮肤处涂抹，如图3-47所示。

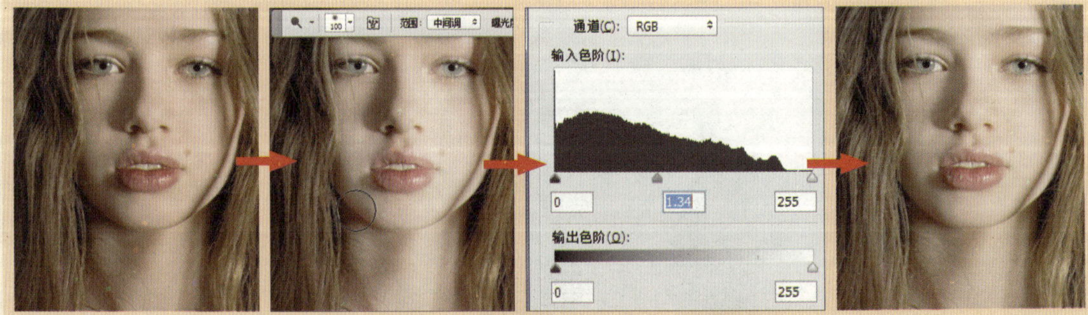

图3-47 美白皮肤

3.5 图像抠图

无论是为单一的商品替换背景，还是为一系列的商品统一背景，都需要对商品本身进行抠图来完成。如果是制作商品的合成广告就更少不了抠图了，本节主要为大家介绍通过各种抠图方法将网拍商品进行背景替换，使商品本身更加突出，在图片视觉中吸引买家的注意力，从而间接地增加网店销量。如图3-48所示为更换背景前后的对比。

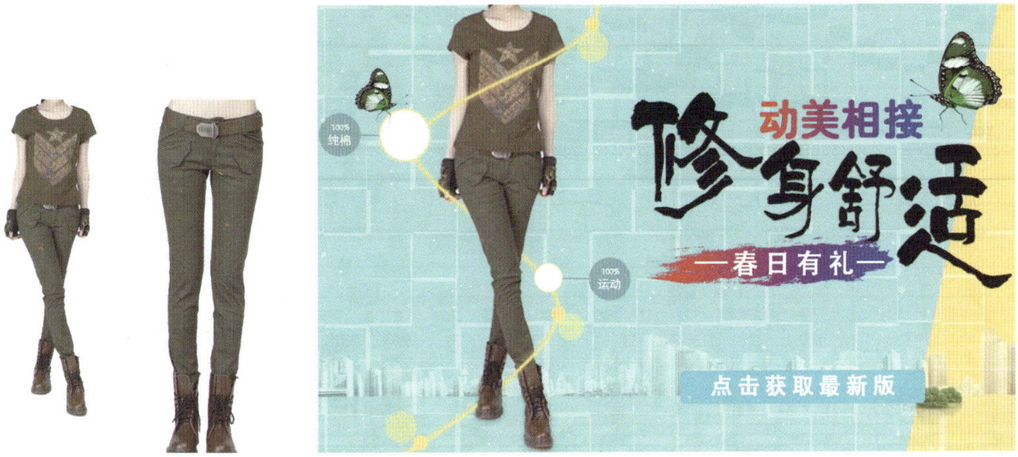
动美相接
修身舒适
—春日有礼—
点击获取最新版

图3-48 网店中替换背景的商品

3.5.1 规则形状抠图

对规则形状进行抠图时，常用的工具就是选取工具中的“矩形选框工具”和“椭圆选框工具”。

1. 矩形选区替换图片背景

在Photoshop中用来创建矩形选区的工具只有“矩形选框工具”，使用方法是在图像中按住鼠标向对角拖动，释放鼠标即可创建选区，将选区内的图像拖动到新文档中，即可更换原来图像的背景，也就是我们常说的抠图。该工具主要应用在对图像选区要求不太严格的图像中，具体的抠图方法如下。

01 启动photoshop软件，打开“素材/第3章/手机和手机背景”，如图3-49所示。

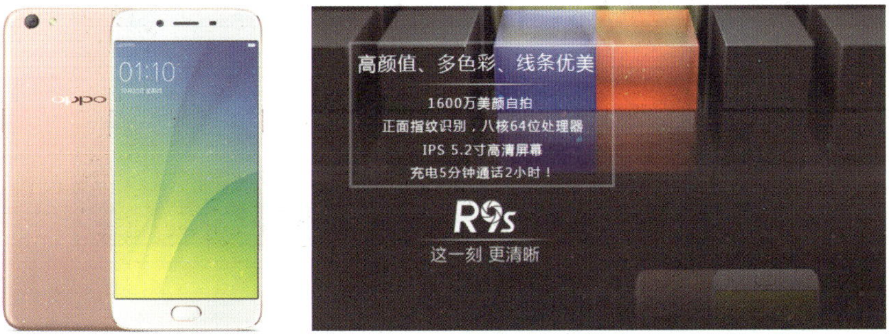
01:10
OPPO
高颜值、多色彩、线条优美
1600万美颜自拍
正面指纹识别，八核64位处理器
IPS 5.2寸高清屏幕
充电5分钟通话2小时！
R9s
这一刻 更清晰

图3-49 打开素材

02 将“手机”素材作为当前编辑对象，在“工具箱”中选取“矩形选框工具”后，在手机正面周围创建选区，如图3-50所示。

图3-50 创建选区

03 执行菜单栏中的“选择/修改/平滑”命令，打开“平滑选区”对话框，设置“取样半径”为35像素，单击“确定”按钮，效果如图3-51所示。

图3-51 设置平滑

04 执行菜单栏中的“选择/修改/羽化”命令，打开“羽化选区”对话框，设置“羽化半径”为1像素，单击“确定”按钮，效果如图3-52所示。

图3-52 设置羽化

05 使用“移动工具”将选区内的图像拖动到“手机背景”素材中，调整手机大小完成背景替换，效果如图3-53所示。

图3-53 替换背景

•温馨提示•

通过“矩形选框工具”或“椭圆选框工具”创建选区后抠图，如果不进行羽化设置，则会出现图像边缘与背景融合不协调的后果，但羽化设置得过小或过大都会出现不自然的效果。如图3-54所示的效果分别为“羽化半径”设置为0、15、30和60像素时替换背景的结果。

高颜值、多色彩、线条优美
1600万美颜自拍
正面指纹识别，八核64位处理器
IPS 5.2寸高清屏幕
充电5分钟通话2小时！
R9s
这一刻 更清晰
羽化半径为0像素
羽化半径为15像素
羽化半径为30像素
羽化半径为60像素

图3-54 不同羽化值抠图的结果

•技巧•

使用（矩形工具）创建路径后，在“属性”面板中设置圆角值后，按Ctrl+Enter组合键将路径转换为选区，此时可以替换背景，如图3-55所示。

图3-55 创建路径并编辑

2. 椭圆选区替换图片背景

在Photoshop中用来创建椭圆或正圆选区的工具只有“椭圆选框工具”，使用方法与“矩形选框工具”大致相同，具体操作流程如图3-56所示。

图3-56 椭圆选区替换背景

3.5.2 智能抠图

对拍摄的商品照片进行抠图时，如果背景图是单色，最常用的工具是“魔术橡皮擦”，而“快速选择工具”可以通过拖动鼠标将经过区域的像素进行选取，从而完成抠图，这两种工具可以通过智能运算的方式对图像进行选取。

1. 魔术橡皮擦抠图

使用“魔术橡皮擦工具”可以快速去掉图像的背景。该工具的使用方法非常简单，只要选择要清除的颜色范围，单击即可将其清除，删除背景色后的图像可以直接拖动到新背景图像中，如图3-57所示。

图3-57 “魔术橡皮擦工具”抠图

2. 快速选择工具抠图

使用“快速选择工具”可以快速在图像中对需要选取的部分建立选区。使用方法非常简单，只要选择该工具后，使用指针在图像中拖动即可将鼠标经过的地方创建选区，具体操作如下。

01 打开“素材文件/第3章/T恤美女.jpg”素材，如图3-58所示。

图3-58 打开素材

02 选择（快速选择工具），在人物的头部按住鼠标拖动创建选区，如图3-59所示。

图3-59 创建选区

03 拖动鼠标创建选区的过程中要根据像素区域的大小改变笔刷的直径，选区创建过程如图3-60所示。

图3-60 创建选区过程

04 在属性栏中单击“从选区中减去”按钮，使用“快速选择工具”在手臂与头部之间的背景上拖动移除选区，如图3-61所示。

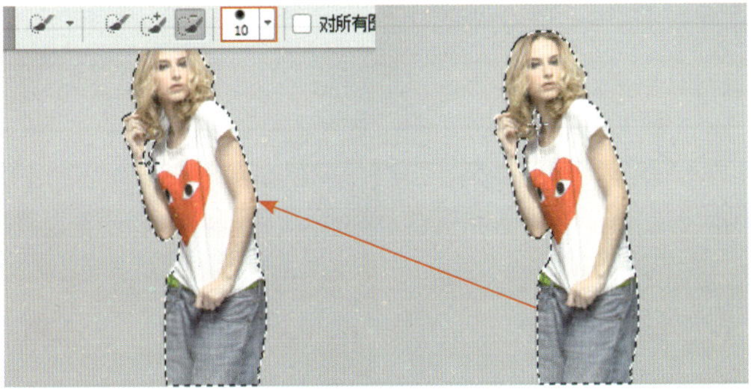

图3-61 编辑选区

05 按Ctrl+C组合键复制选区内的图像，打开“素材文件/第3章/海景.jpg”素材，如图3-62所示。

图3-62 素材

06 按Ctrl+V组合键将刚才复制的图像粘贴到“海景”文档中，并使用“移动工具”将图像拖动到相应的位置上，效果如图3-63所示。

图3-63 最终效果

3.5.3 复杂图形抠图

拍摄商品的类型不同，形状也会不同，对不规整形状的宝贝进行抠图时，就需要使用一些操作比较复杂的工具来完成。本节为大家介绍“磁性套索工具”、“多边形套索工具”和“钢笔工具”在抠图时的使用方法。

1. 多边形套索工具

“多边形套索工具”通常用来创建较为精确的选区。创建选区的方法也非常简单，在不同位置上单击，即可将两点以直线的形式连接，起点与终点相交时单击即可得到选区，如图3-64所示。

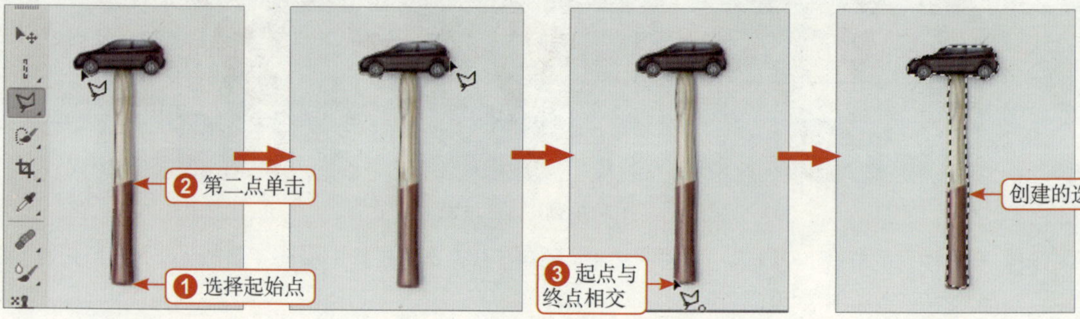

图3-64 创建多边形选区

• 技巧 •

使用“多边形套索工具”绘制选区时，按住Shift键可沿水平、垂直或与之成45°角的方向绘制选区；在终点没有与起点相交时，双击鼠标或按住Ctrl键的同时单击鼠标即可创建封闭选区。

2. 磁性套索工具

“磁性套索工具”可以在图像中自动捕捉具有反差颜色的图像边缘，并以此来创建选区，此工具常用在背景复杂但边缘对比较强烈的图像。创建选区的方法也非常简单，在图像中选择起点后沿边缘拖动即可自动创建选区，如图3-65所示。

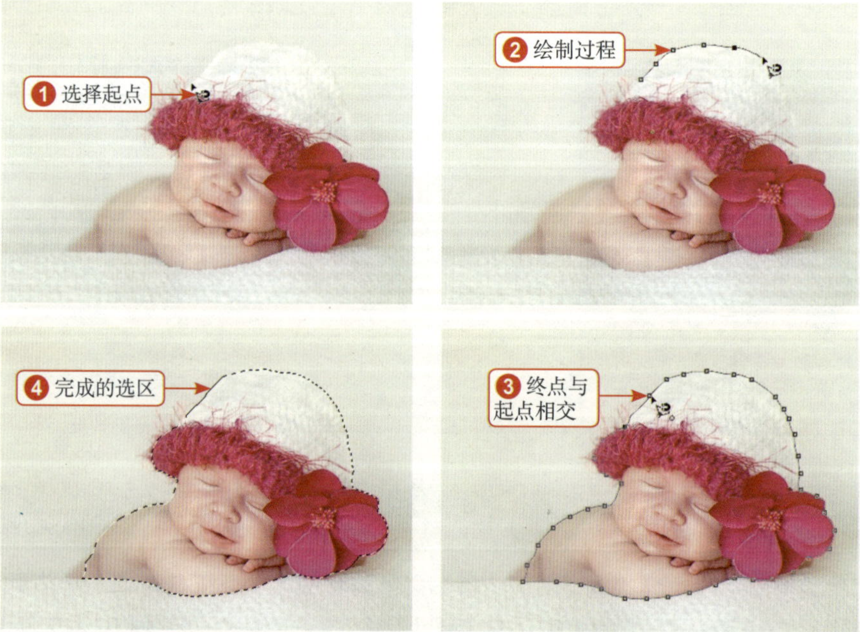

图3-65 使用“磁性套索工具”创建多边形选区

•技巧•

使用“磁性套索工具”创建选区时，单击鼠标也可以创建矩形标记点，用来确定精确的选区；按键盘上的Delete键或BackSpace键，可按照顺序撤销矩形标记点；按Esc键可消除未完成的选区；按住Alt键，会变为“多边形套索工具”，松开Alt键后，单击鼠标工具将恢复成“磁性套索工具”。

3. 磁性套索工具与多边形套索工具结合进行抠图

下面为大家讲解通过“多边形套索工具”和“磁性套索工具”相结合的方法对产品创建选区并抠图，具体操作过程如下。

01 启动photoshop软件，打开“素材/第3章/抱枕”素材。在工具箱中选择“磁性套索工具”，在属性栏中设置“羽化”为1像素，“宽度”为10像素，“对比度”为10%，“频率”为57，在抱枕的顶部单击创建选区起点，如图3-66所示。

图3-66 打开素材并设置工具属性

02 沿抱枕边缘拖动鼠标，此时会发现“磁性套索工具”会在抱枕边缘创建锚点，如图3-67所示。

图3-67 创建过程

03 当到抱枕底部区域时图像像素之间变得不够强烈，此时只要按住Alt键将“磁性套索工具”变为“多边形套索工具”在边缘处单击即可，如图3-68所示。

图3-68 转换为多边形套索工具

04 移动鼠标到抱枕的另一边，图像边缘像素变得反差较大后松开Alt键，工具恢复成“磁性套索工具”继续拖动鼠标，如图3-69所示。

图3-69 转换为磁性套索工具

05 起点与终点相交时单击即可创建选区，如图3-70所示。

图3-70 创建选区

06 此时使用“移动工具”即可将选区内的图像进行移动，如图3-71所示。

图3-71 移动图像

07 打开另一张作为背景的沙发素材。使用“移动工具”将选区内的图像移动到新背景中完成抠图，如图3-72所示。

图3-72 替换背景后

4. 钢笔工具抠图

使用“钢笔工具”可以精确地绘制出直线或光滑的曲线，还可以创建形状图层。

该工具的使用方法也非常简单，只要在页面中选择一点并单击，移动到下一点再单击，就会创建直线路径；在下一点按住鼠标并拖动会创建曲线路径，按Enter键绘制的路径会形成不封闭的路径；在绘制路径的过程中，当起点的锚点与终点的锚点相交时鼠标指针会变成形状，此时单击鼠标，系统会将该路径创建为封闭路径。

（1）创建路径

使用“钢笔工具”绘制直线路径、曲线路径和封闭路径的具体操作如下：

01 启动photoshop软件，新建一个空白文档，选择“钢笔工具”，在页面中选择起点并单击，移动到另一点后再单击，会得到如图3-73所示的直线路径。

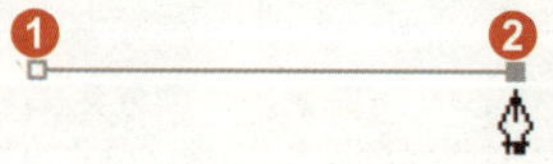

图3-73 直线路径

02 新建一个空白文档，选择“钢笔工具”，在页面中选择起点并单击，移动到另一点后按住鼠标拖动，会得到如图3-74所示的曲线路径。

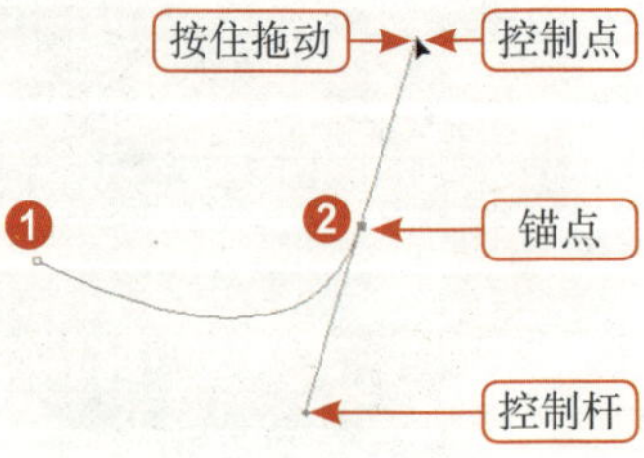

图3-74 曲线路径

03 新建一个空白文档，选择“钢笔工具”，在页面中选择起点并单击，移动到另一点后按住鼠标拖动，释放鼠标后拖动到起始点并单击，会得到如图3-75所示封闭路径。

图3-75 封闭路径

（2）路径转换为选区

通过“钢笔工具”创建的路径是不能直接进行抠图的，需要将创建的路径转换为选区，然后利用“移动工具”将选区内的图像移动到新背景中完成抠图。在Photoshop中将路径转换为选区的方法很简单，可以直接通过按Ctrl+Enter组合键将路径转换为选区；还可以通过“路径”面板中的“将路径作为选区载入”按钮将路径转换为选区；如果是Photoshop CS6版本，则可以直接在“属性栏”中单击“建立选区”按钮 选区... 将路径转换为选区；或者在弹出菜单中执行“建立选区”命令将路径转换为选区，如图3-76所示。

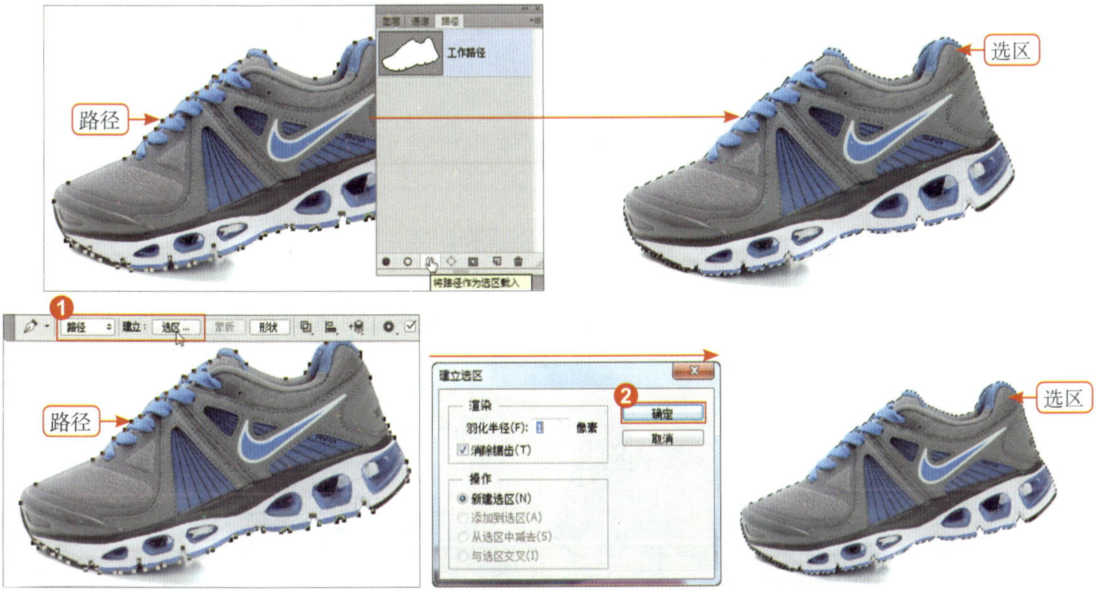

图3-76 将路径转换为选区

下面讲解使用“钢笔工具”为复杂的女鞋进行抠图，具体操作过程如下。

01 启动photoshop软件，打开一张拍摄的女鞋照片，如图3-77所示。

图3-77 打开素材

02 选择“钢笔工具”，在“属性栏”中选择“模式”为“路径”，然后在女鞋边缘单击创建起点，沿边缘移动到另一点按住鼠标创建路径连线后，拖动鼠标将连线调整为曲线，如图3-78所示。

图3-78 创建并调整路径

03 释放鼠标后，将指针拖动到锚点上按住Alt键，此时指针右下角出现一个 符号，单击鼠标将后面的控制点和控制杆消除，如图3-79所示。

图3-79 拖动控制杆

•技巧•

在Photoshop中使用“钢笔工具”沿图像边缘创建路径时，创建曲线后当前锚点会同时拥有曲线特性，再创建下一点时，如果不是按照上一锚点的曲线方向进行创建，将会出现路径不能按照自己的意愿进行调整的尴尬局面，此时只要按住Alt键在曲线的锚点上单击取消锚点的曲线特性，再进行下一点曲线创建时就会非常容易，如图3-80所示。

图3-80 编辑

04 到下一点按住鼠标拖动创建贴合图像的路径曲线，再按住Alt键在锚点上单击，如图3-81所示。

图3-81 创建路径并编辑

05 使用同样的方法在鞋子边缘创建路径，过程如图3-82所示。

图3-82 创建路径

06 当起点与终点相交时，指针右下角出现一个圆圈，单击鼠标完成路径的创建，如图3-83所示。

图3-83 创建路径

07 路径创建完毕后，按Ctrl+Enter组合键将路径转换为选区，如图3-84所示。

图3-84 将路径转换为选区

08 打开一张背景图，将抠取的素材拖动到新素材合适的位置，效果如图3-85所示。

图3-85 抠图后效果

3.5.4 毛发抠图

对有模特参与的宝贝图片进行抠图时，经常会遇到人物的发丝区域，如果使用“多边形套索工具”或“钢笔工具”进行抠图，会出现背景抠不干净的效果，如图3-86所示。

图3-86 发丝边缘有背景颜色

选区创建完毕后，可以通过“调整边缘”命令，修整发丝处的背景，具体操作如下。

01 启动Photoshop软件，打开一张美女素材。使用“快速选择工具”在人物上拖动创建一个选区，如图3-87所示。

图3-87 为素材创建选区

02 创建选区后，执行菜单栏中的“选择/调整边缘”命令，打开“调整边缘”对话框，单击“调整半径工具”按钮，在人物发丝边缘处向外按住鼠标拖动，如图3-88所示。

图3-88 编辑选区

03 在发丝处按住鼠标细心涂抹，此时会发现发丝边缘已经出现在视图中，拖动过程如图3-89所示。

图3-89 编辑发丝

04 涂抹后发现边缘处有多余的部分，只要按住Alt键在多余处拖动，即可将其复原，如图3-90所示。

图3-90 编辑选区

05 设置完毕后单击“确定”按钮，调出编辑后的选区，打开“木板墙”素材，如图3-91所示。

图3-91 选区和木板墙素材

06 使用“移动工具” 将选区内的图像拖动到“木板墙”文档中，最终效果如图3-92所示。

图3-92 最终效果

3.5.5 透明图像的抠图方法

在Photoshop中对半透明对象进行抠图的功能可以在“通道”面板中完成。使用“通道”进行抠图时，通常需要结合一些工具来完成抠图的操作，即在操作完毕之后必须把编辑的通道转换为选区，再通过“移动工具” 将选区内的图像拖动到新背景中。对通道进行编辑时主要使用 （画笔工具），通道中的黑色部分为保护区域，白色区域为可编辑位置，灰色区域将会创建半透明效果，如图3-93所示。

图3-93 编辑Alpha通道

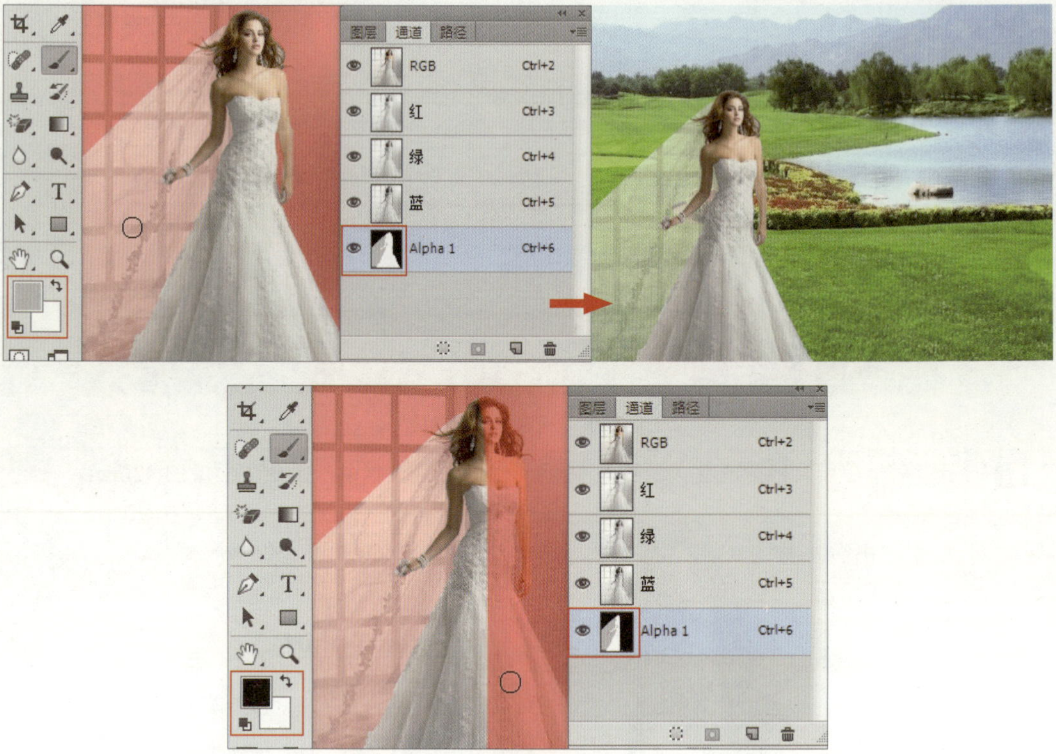

图3-93 编辑Alpha通道

默认状态时，使用黑色、白色及灰色编辑通道可以参考表3-1进行操作。

表3-1 不同颜色编辑通道

涂抹颜色	彩色通道显示状态	载入选区
黑色	添加通道覆盖区域	添加到选区
白色	从通道中减去	从选区中减去
灰色	创建半透明效果	产生的选区为半透明

下面为大家讲解在“通道”中为模特婚纱部分进行半透明抠图，具体操作如下。

01 启动Photoshop软件，打开“婚纱01”素材，如图3-94所示。

图3-94 打开素材

02 打开到“通道”面板，拖动“红”通道到“创建新通道”按钮上，得到“红 拷贝”通道，如图3-95所示。

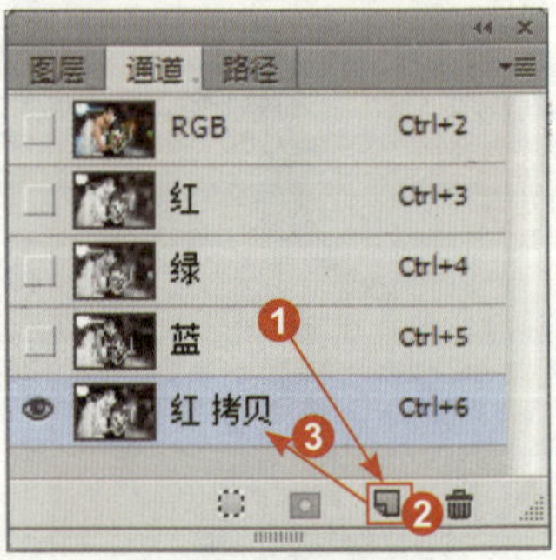

图3-95 复制通道

03 执行菜单栏中的“图像/调整/色阶”命令，打开“色阶”对话框，其中的参数设置如图3-96所示。

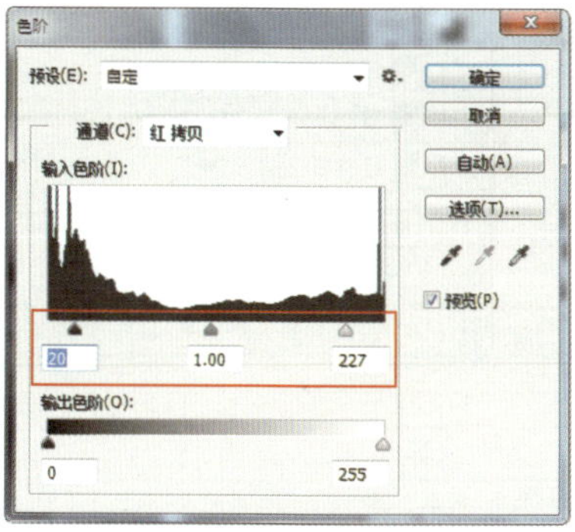

图3-96 “色阶”对话框

04 设置完毕后单击“确定”按钮，效果如图3-97所示。

图3-97 色阶调整后效果

05 将前景色设置为黑色，使用（画笔工具）在人物以外的位置拖动，将周围填充黑色，效果如图3-98所示。

图3-98 填充黑色

06 再将前景色设置为白色，使用（画笔工具）在人物上拖动（切忌不要在透明的位置上涂抹），效果如图3-99所示。

图3-99 填充白色

07 选择复合通道，按住Ctrl键单击“红 拷贝”通道，调出图像的选区，如图3-100所示。

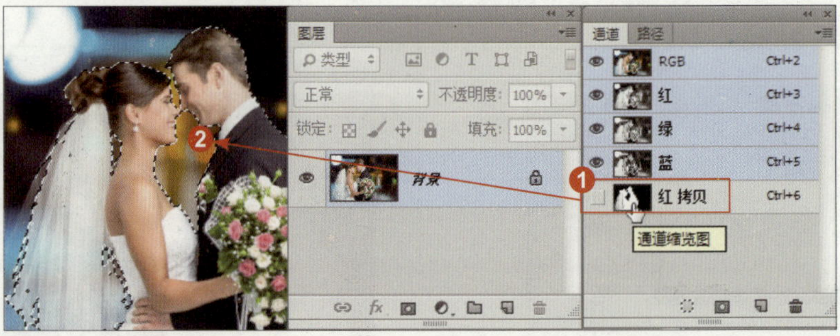

图3-100 调出选区

08 按Ctrl+C组合键复制选区内的图像，再打开“草地”素材，如图3-101所示。

图3-101 打开素材

09 按Ctrl+V组合键粘贴复制的内容，按Ctrl+T组合键调出变换框，拖动控制点将图像进行适合的缩放，效果如图3-102所示。

图3-102 变换

10 按Enter键完成变换，最终效果如图3-103所示。

图3-103 最终效果

3.5.6 综合抠图方法

对网拍产品或模特进行背景替换时，并不是只使用一种抠图模式就能够得到较好的效果，通常情况下卖家都会使用几种抠图模式相结合的方法进行操作，这样做的好处是针对不同位置可以将边缘处理的更加得体，比如对于模特的头发就不能使用路径进行抠图，如果强行使用路径会造成模特没有发丝的效果，如图3-104所示。

图3-104 综合抠图

3.6 图像的修饰

如果网店中出售的商品照片是由自己拍摄的，此时一定考虑两个问题：一是如何让买家更喜欢自己的照片而进行产品购买；二是不想自己辛苦拍摄并处理的网拍产品被别人稍加篡改就变为他的网店商品。此时就要从宝贝照片的修饰方面考虑，也就是添加一些属于自己风格的图片或文字，起到版权的作用，这样才不会被别有用心的人利用，如添加一些浮在表面的水印、保护线或是一些说明文字等。

1. 为商品图片添加保护线

通过Photoshop为产品添加版权保护线后，可以减少别人盗用的机会，因为添加保护线的图片会增加盗用的难度，所以想盗用图片的人会考虑到修图的烦琐而选择放弃，此时也间接地提升了商品的成交概率。如图3-105所示图像为添加保护线的效果。

图3-105 添加保护线效果

•温馨提示•

添加的保护线最好不要遮住商品本身，在图片中既要与主体相融合，又要起到保护图片的作用。切记不要抢了照片本来的第一视觉点。

2. 为商品图片添加文字水印

为商品图片添加文字水印，除了能增加其专业性和整体感外，还能保护图片防止被外人盗用，添加的文字水印一般都比较淡不会影响商品本身的观赏性，如图3-106所示。

图3-106 添加的文字水印

•温馨提示•

为网拍商品添加文字水印时，最好将水印在不影响整体美观的前提下放置到纹理较复杂的区域，这样对于盗用者来说修改起来会非常麻烦，间接地保证了网店商品的唯一性。

3. 为商品图片添加图像商标或图像水印

为商品图片添加水印，不但可以直接输入文本，还可以将具有本店特征的图片直接添加到商品图片中。以图像性质的水印可以是本店的商标，也可以是文字与图形相混合的图像，目的就是为了自己辛苦拍摄的图片不被盗用，如图3-107所示。

图3-107 添加的图像水印

•温馨提示•

将文字与图像混合后制作成半透明水印，既不影响商品照片的整体效果，也不会抢了照片本来的视觉点，添加的图像水印最好放置到商品照片的边缘位置，如图3-108所示。

图3-108 透明水印

4. 为商品添加情趣对话

网拍商品直接放在网店中出售，浏览者只能以欣赏商品的目光来看待此产品，如何为商品增加更多的人气，是每个店家都会考虑的事情，如果我们出售的是卡通商品，那么我们可以为商品照片添加一些情趣对话，无疑会更加吸引购买者驻足，在买家的购买冲动时间内快速增加买家对该商品的喜欢程度，这样交易概率也就会越大，如图3-109所示。

亲!
一起白头到老如何?
有你在，咋样都行

图3-109 添加情趣对话

5. 快速为多个商品添加文本水印

网上开店商品图片会很多，使用Photoshop中的“画笔工具”定义一个画笔，可以快速为宝贝图片添加统一类型的文本或图像水印，如图3-110所示。

图3-110 为多个图片添加水印

•温馨提示•

使用“画笔工具”添加水印时，最好在图像大致相同的位置添加水印后再上传到网店中。

如何快速为多个照片添加水印是一件很麻烦的事，这里为大家介绍在Photoshop中通过定义画笔后，使用“画笔工具”快速添加统一风格水印的方法，具体操作如下。

01 启动Photoshop软件，打开一张商品图片并输入文字，如图3-111所示。

图3-111 打开素材

02 按Ctrl+T组合键调出变换框，拖动控制点将文字旋转，如图3-112所示。

图3-112 旋转文字

03 按Enter键完成变换，按住Ctrl键单击文字图层的缩略图，调出文字选区，如图3-113所示。

图3-113 调出文字选区

•温馨提示•

将文字或图像定义成画笔时最好使用黑色，这样定义的画笔颜色会重一些。

04 执行菜单栏中的“编辑/定义画笔预设”命令，打开“画笔名称”对话框，其中的参数设置如图3-114所示。

图3-114 “画笔名称”对话框

05 设置完毕后单击“确定”按钮，按Ctrl+D组合键取消选区，隐藏文字图层，新建“图层1”，如图3-115所示。

图3-115 新建“图层1”

06 在“工具箱”中选择“画笔工具”，在“画笔拾色器”中选择“水印”画笔，如图3-116所示。

图3-116 选择“水印”画笔

•温馨提示•

定义的画笔可以应用到多个图像中。

07 将前景色设置为白色，设置“不透明度”为29%，在素材上使用“画笔工具”单击即可为其添加多个水印，效果如图3-117所示。

图3-117 最终效果

第4章 移动端网店可装修区域的图像制作

本章主要以淘宝中的手机淘宝店铺作为标准，为大家介绍移动端网店组成部分图像区域的制作，与电脑端淘宝店铺相似的是在移动端网店中也包含店招、首屏广告图、针对新/老客户而显示的不同图像及焦点图等。

重点提示

- ★ 店招的设计与制作
- ★ 单列图像设计与制作
- ★ 双列图像设计与制作
- ★ 新/老客图像设计与制作
- ★ 焦点图设计与制作
- ★ 左文右图模块设计与制作
- ★ 活动头图片模块设计与制作
- ★ 多图片模块设计与制作

一个功能完善的移动端网店图像区域通常都由上面各个板块组成的，每个区域在店面中都具有自己的作用与特点，如图4-1所示为移动端网店效果。

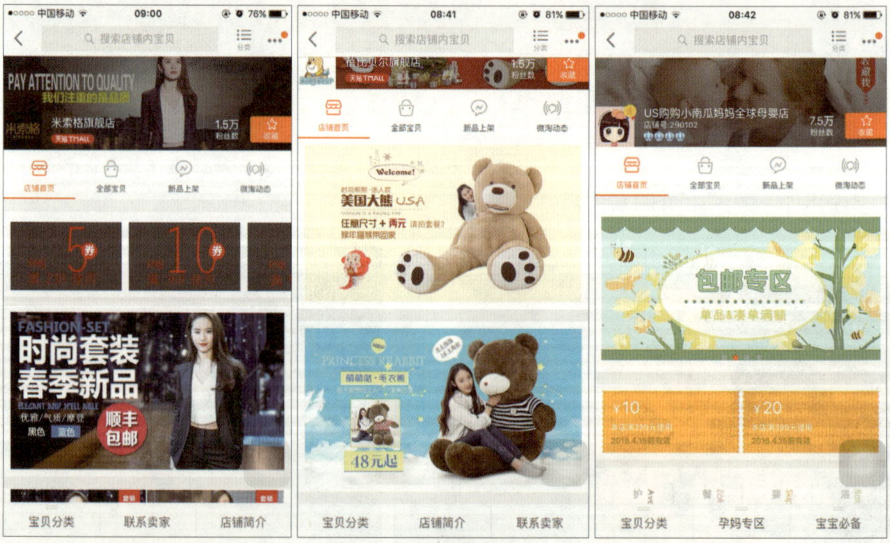

图4-1 移动端网店

当手机或移动端设备已经以一种不可逆转的态势在生活中随处可见，无论是坐车，还是朋友聚会，手上都会拿着手机，在有无线网络的场所有人甚至拿比手机更大一些ipad或其他移动设备，更甚者是在走路时都会随时翻看手机。卖家通过装修移动端淘宝店铺而加大出货率已经是一项必修课。移动端淘宝开启后，如果不进行装修，相信每个浏览过的客户都不会有太多的印象，在第一视觉上就输给了同行，因此装修一家独具风格并且吸睛的移动端网店绝对可以提升销售额。

4.1 店标

移动端淘宝店中的店标与电脑端淘宝店铺使用的是同一个店标，规格大小为80像素×80像素，如图4-2所示。

图4-2 店标

4.2 店招的设计与制作

店招顾名思义就是店铺的招牌，对于实体店来说店招就是店铺的招牌，从品牌推广的角度来看，在繁华地段一个好的店招不光是店铺坐落地的标志，更起到户外广告的作用。

移动端网店店招与PC淘宝店铺的店招作用一样不需要门面，店招就是店铺的门面，即虚拟店铺的招牌。一般都有统一的尺寸要求，以淘宝网中的手机店铺来说，店招为750像素×254像素，格式为jpg、png。一个好的店招完全可以体现出本店的特点和所售产品，在让买家记住的同时也就会自然地增加本店的销量，不同的店铺设计店招也是不同的，有简单的也有复杂的，如图4-3所示。移动端网店的店招背景除了通过裁剪来获得外，还可以通过创建新文档自行创建背景并制作整个店招，下面就为大家制作一个“乐乐户外移动端店招”，如图4-4所示。

图4-3 手机店铺店招

图4-4 乐乐户外移动端店招

具体操作如下：

01 执行菜单栏中的“文件/新建”命令或按Ctrl+N组合键，打开“新建”对话框，在其中设置“宽度”“高度”及“分辨率”，如图4-5所示。

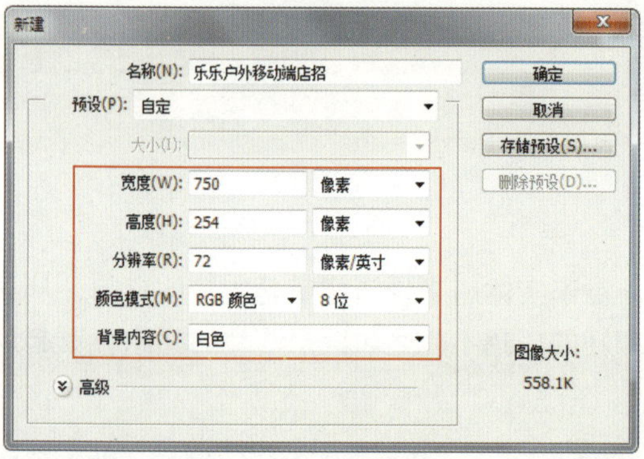

图4-5 “新建”对话框

02 设置完毕后单击“确定”按钮，使用“渐变工具”从上向下拖动鼠标填充从（R:71, G:200, B:250）到（R:178, G:228, B:255）的线性渐变，如图4-6所示。

图4-6 填充渐变

03 执行菜单栏中的“文件/打开”命令，打开“素材/第4章/星空”素材，将其拖动到“乐乐户外移动端店招”文档中，调整大小并设置混合模式和不透明度，效果如图4-7所示。

图4-7 打开并移入素材

04 执行菜单栏中的“文件/打开”命令，打开“素材/第4章/花纹”素材，将其拖动到“乐乐户外移动端店招”文档中，调整大小并设置“混合模式”为“明度”，“不透明度”为45%，效果如图4-8所示。

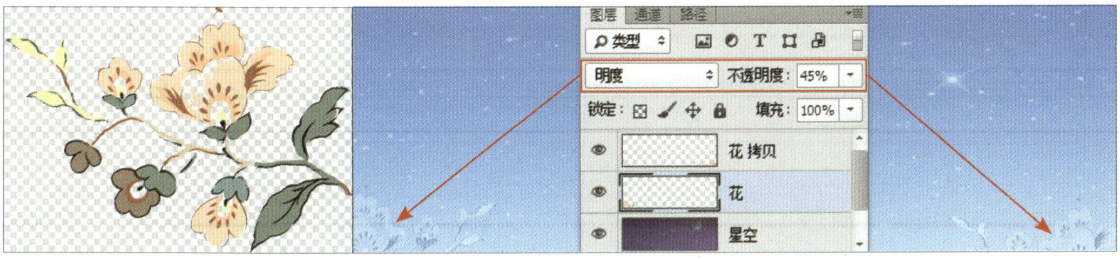

图4-8 打开并移入素材

05 使用“横排文字工具”，输入文本“乐乐户外”，如图4-9所示。

图4-9 输入文字

06 执行菜单栏中的“图层/图层样式/描边”命令，打开“图层样式”对话框，设置参数值后单击“确定”按钮，效果如图4-10所示。

图4-10 设置“描边”参数及效果

07 复制文本，得到一个拷贝图层。执行菜单栏中的“编辑/变换/垂直翻转”命令，将副本进行翻转并向下移动，单击“添加图层蒙版”，为图层添加一个蒙版，然后使用“渐变工具”从上向下拖动鼠标填充从白色到黑色的线性渐变，效果如图4-11所示。

图4-11 添加蒙版并填充渐变

图4-11 添加蒙版并填充渐变（续）

08 打开“草蔓”素材，将其拖动到新建文档中，复制几个草蔓副本图层并调整大小，然后将草蔓图层全部选取，按Ctrl+E组合键将其合并，效果如图4-12所示。

图4-12 移入素材

09 为“草蔓”图层添加图层蒙版，使用“画笔工具” 在文字处涂抹黑色，使草蔓缠绕文字，效果如图4-13所示。

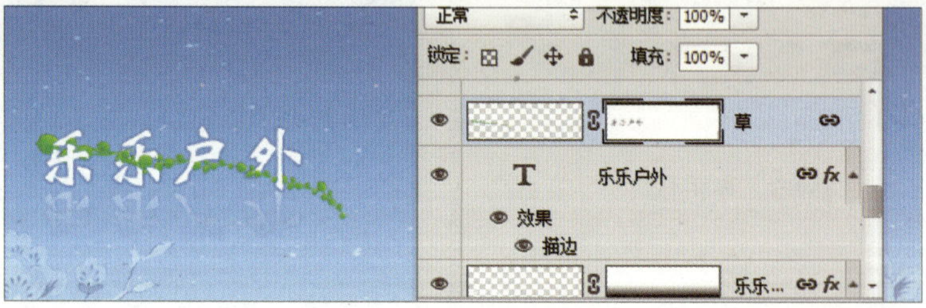

图4-13 画笔编辑蒙版

10 新建一个图层，使用“画笔工具” ，在“画笔拾色器”中选择一种笔触，在文字上绘制白色画笔笔触，效果如图4-14所示。

图4-14 绘制白色画笔笔触

11 新建一个图层，绘制一条白色直线，然后使用“矩形选框工具” ，在直线边缘绘制矩形选区，效果如图4-15所示。

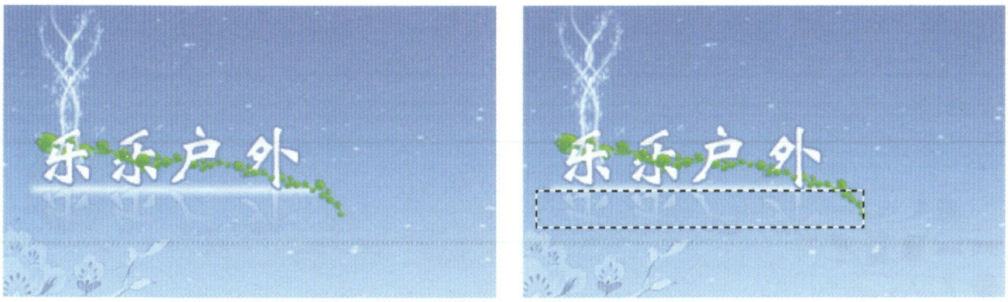

图4-15 直线画笔

12 按Ctrl+D组合键取消选区。使用同样的方法制作另一个草蔓缠绕文字的效果，如图4-16所示。

图4-16 草蔓缠绕文字

13 使用“横排文字工具” T 输入与店招相对应的文本，如图4-17所示。

图4-17 输入文字

14 绘制一个正圆选区，打开“户外服装01”素材，按Ctrl+A组合键调出整个对象的选区，再按Ctrl+C组合键，回到新建文档中，执行菜单栏中的“编辑/选择性粘贴/贴入”命令，按Ctrl+T组合键调出变换框，调整大小，效果如图4-18所示。

图4-18 贴入素材

15 按Enter键完成变换。选择“自定义形状工具”，在“自定义形状拾色器”中选择“封印”，在店招中贴入素材的后面绘制白色封印，效果如图4-19所示。

图4-19 绘制形状

16 新建图层，绘制一个青色椭圆，效果如图4-20所示。

图4-20 绘制椭圆

17 再打开另外的“帐篷和鞋”素材，使用同样的方法制作户外商品的贴入效果，如图4-21所示。

图4-21 店招中图像

18 新建图层，在文档的两边绘制两个白色矩形条，并设置“混合模式”为“饱和度”，效果如图4-22所示。

图4-22 绘制矩形并设置混合模式

19 新建一个图层，使用“自定义形状工具”，绘制白色雪花并调整不透明度，至此移动端店招制作完毕，效果如图4-23所示。

图4-23 最终效果

4.3 单列图像设计与制作

单列图像在移动端网店中可以分为“宝贝类”和“图文类”，“宝贝类”中的单列用来显示发布宝贝的图片，通常系统会自动按照淘宝中上传的宝贝，按照手机屏幕自行显示在单列图像中；“图文类”中的单列图像，可以将自己设计制作的广告宣传图添加到于此，此类的图片大小在移动端网店中按608像素×（200~960）像素进行预先设置。本节就为大家讲解一个关于户外商品的单列图像广告的制作，如图4-24所示，具体操作如下。

图4-24 户外商品单列图像广告

01 在制作广告图之前先对其进行页面的布局草图，为设计先行绘制一个板式框架，如图4-25所示。

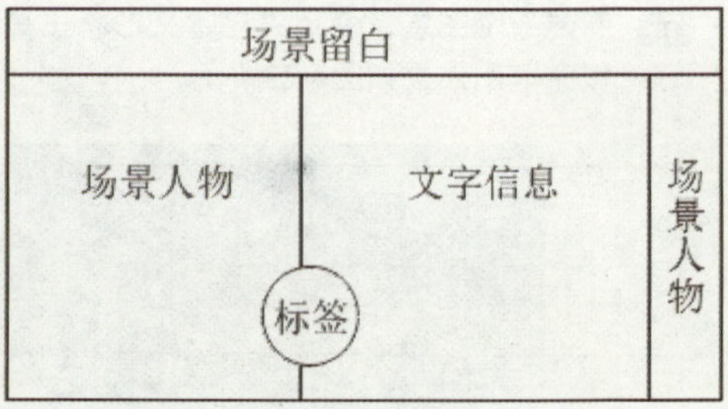

图4-25 布局草图

02 执行菜单栏中的“文件/新建”命令或按Ctrl+N组合键，新建一个“宽度”为608像素，“高度”为336像素，“分辨率”为72像素/英寸的空白文档，新建一个图层，使用“矩形选框工具”绘制一个小矩形选区，再使用“渐变工具”从上向下拖动鼠标填充从（R:140, G:199, B:253）到（R:33, G:146, B:251）的线性渐变，如图4-26所示。

图4-26 渐变填充

03 新建一个图层，将选区填充为白色，设置“不透明度”为85%，如图4-27所示。

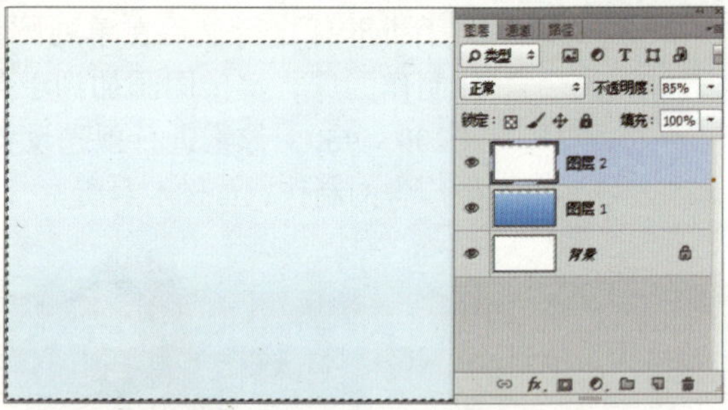

图4-27 设置不透明度

04 按Ctrl+D组合键取消选区。新建一个图层，使用“多边形工具”绘制一个选区，再使用“渐变工具”从上向下拖动鼠标填充从（R:140, G:199, B:253）到（R:33, G:146, B:251）的线性渐变，如图4-28所示。

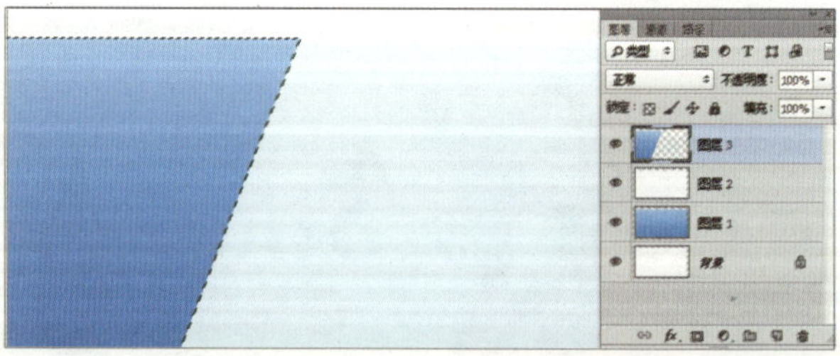

图4-28 为多边形填充渐变色

05 按Ctrl+D组合键取消选区。使用“横排文字工具”输入文字，设置一个自己喜欢的字体，并调整“不透明度”，效果如图4-29所示。

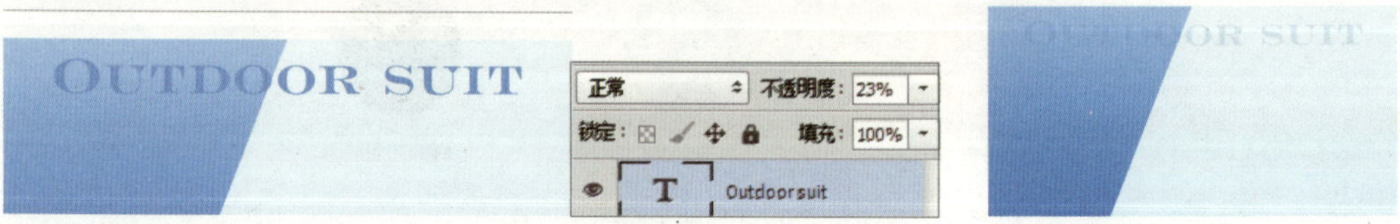

图4-29 输入文字

06 执行菜单栏中的“文件/打开”命令或按Ctrl+O组合键，打开“素材/第4章/冲锋衣001、冲锋衣002”素材，使用“魔术橡皮擦工具”在“冲锋衣001”素材背景上单击，去掉白色背景，效果如图4-30所示。

图4-30 打开素材

07 将去掉背景的“冲锋衣001”素材拖动到单列图像文档中并调整大小，然后使用（矩形选框工具）框选“冲锋衣002”中的右面人物图像，将其拖动到单列图像文档中并调整大小，使用“魔术橡皮擦工具”，单击白色背景去掉背景，如图4-31所示。

图4-31 移入素材

08 按住Ctrl键单击“图层4”缩略图，调出选区，新建“图层6”，将其填充为黑色，如图4-32所示。

图4-32 新建图层并填充

09 按Ctrl+T组合键调出变换框，按住Ctrl键拖动控制点调整形状，效果如图4-33所示。

图4-33 调整形状

10 按Ctrl+D组合键取消选区，执行菜单栏中的“滤镜/模糊/高斯模糊”命令，打开“高斯模糊”对话框，其中的参数设置如图4-34所示。

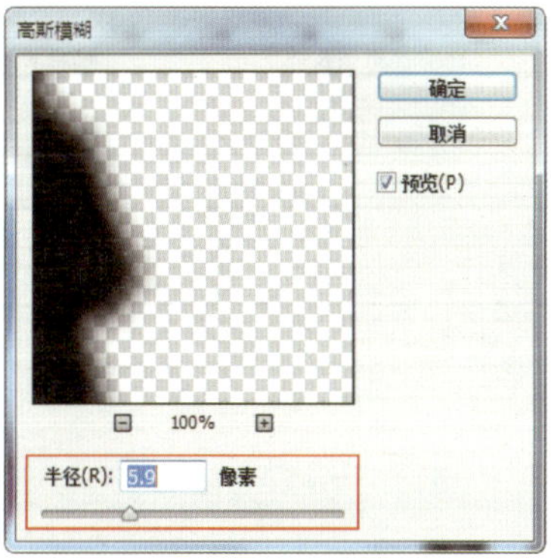

图4-34 “高斯模糊”对话框

11 设置完毕后单击“确定”按钮，设置“不透明度”为24%，如图4-35所示。

图4-35 调整不透明度

12 使用“横排文字工具” 输入合适的文字，并调整文字颜色和字体，效果如图4-36所示。

图4-36 输入文字

13 新建图层，分别使用“自定义形状工具” 、“椭圆工具” 及“矩形工具” ，在文字后面绘制形状作为文字的底衬，再使用“直线工具” 绘制黑色线条，效果如图4-37所示。

图4-37 绘制形状

14 在文档左侧使用“直线工具” 绘制“#dc459f”颜色的线条，再使用“直排排文字工具” 输入白色文字，效果如图4-38所示。

图4-38 绘制直线并输入文字

15 使用“椭圆工具” 绘制一个“#dc459f”颜色的正圆，如图4-39所示。

图4-39 绘制正圆

16 执行菜单栏中的“图层/图层样式/描边”命令，打开“图层样式”对话框，其中的参数设置如图4-40所示。

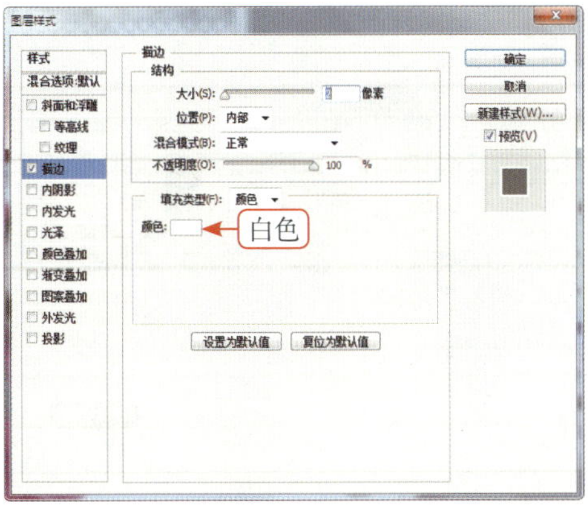

图4-40 “图层样式”对话框

17 设置完毕后单击“确定”按钮，再使用“横排文字工具”T输入合适的文字，效果如图4-41所示。

图4-41 添加图层样式后

18 执行菜单栏中的“文件/打开”命令或按Ctrl+O组合键，打开“素材/第4章/蝴蝶”素材，如图4-42所示。

图4-42 打开素材

19 将“蝴蝶”素材中的图像拖动到单列图像文档中，至此本例制作完毕，效果如图4-43所示。

图4-43 最终效果

20 使用同样的方法可以制作出另外几种配色单列图像以备后用，效果如图4-44所示。

图4-44 单列图像

4.4 双列图像设计与制作

双列图像模块在移动端网店中分布在“宝贝类”和“图文类”，可以通过双列图像展示多个商品的宣传效果，从中查看关于此类商品的图像宣传，在移动端网店中按296像素×160像素进行预先设置。本节就为大家讲解一个关于户外商品店铺的双列图像广告的制作，如图4-45所示，具体操作如下。

图4-45 双列图像

01 在制作双列广告图之前先对其进行页面的布局草图，为设计先行设计一个框架，如图4-46所示。

图4-46 布局草图

02 执行菜单栏中的“文件/新建”命令或按Ctrl+N组合键，新建一个“宽度”为296像素，“高度”为160像素，“分辨率”为72像素/英寸的空白图像，使用“渐变工具”从上向下拖动鼠标填充从（R:140, G:199, B:253）到（R:33, G:146, B:251）的线性渐变，如图4-47所示。

图4-47 新建文档并填充渐变

03 新建一个图层，将前景色设置为（R:209, G:26, B:114）色，使用“画笔工具”“画笔拾色器”中选择“烟雾”画笔，在页面中绘制一个烟雾笔触，如图4-48所示。

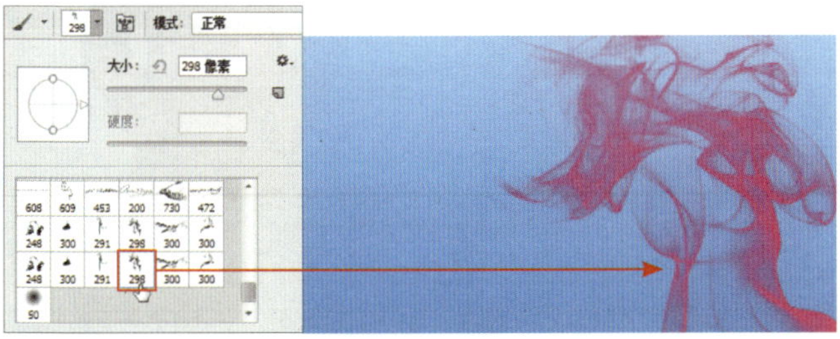

图4-48 绘制画笔

04 设置“混合模式”为“划分”，“不透明度”为42%，效果如图4-49所示。

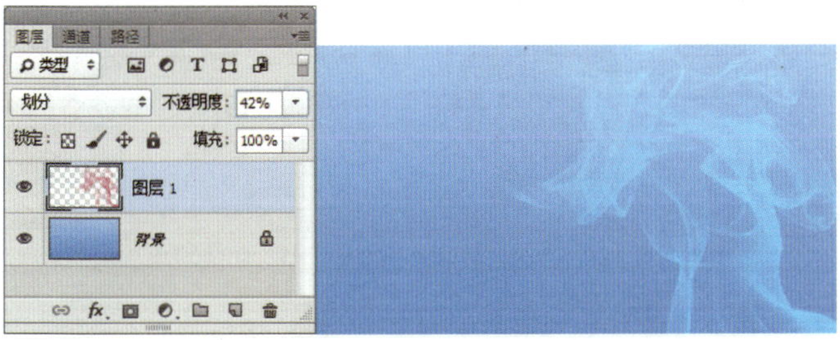

图4-49 设置混合模式

05 新建一个图层，使用“椭圆工具”绘制一个“紫色”正圆，再绘制一个白色正圆，效果如图4-50所示。

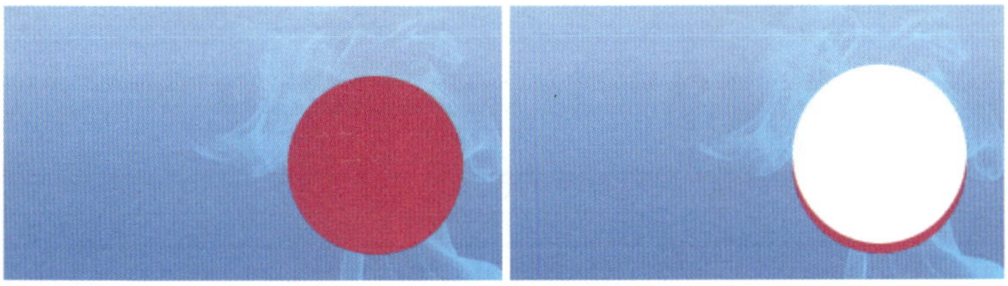

图4-50 绘制正圆

06 复制一个“紫色”正圆，使用“椭圆选框工具”在上面绘制一个正圆选区，清除选区内容，效果如图4-51所示。

图4-51 创建选区删除内容

07 按Ctrl+D组合键取消选区，再复制一个月牙图形，效果如图4-52所示。

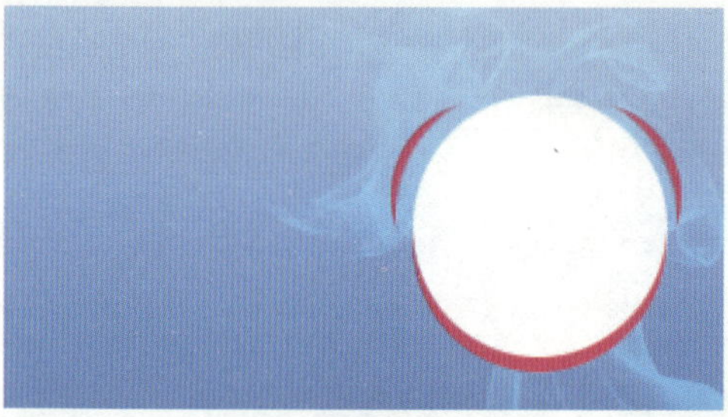

图4-52 绘制月牙

08 打开“素材/第4章/冲锋衣008”，使用“魔术橡皮擦工具”在白色背景上单击去掉背景，如图4-53所示。

图4-53 打开素材

09 将素材拖动到双列图像文档中并调整大小，然后为图层添加图层蒙版，使用“画笔工具”在衣服下部涂抹黑色，效果如图4-54所示。

图4-54 编辑蒙版

10 新建图层，使用“椭圆选框工具”绘制一个“羽化”值为3的椭圆选区，将其填充为紫色并调整不透明度，效果如图4-55所示。

图4-55 绘制椭圆选区

11 按Ctrl+D组合键取消选区，使用“横排文字工具”输入与之对应的文字，如图4-56所示。

图4-56 输入文字

12 执行菜单栏中的“图层/图层样式/投影”命令，打开“图层样式”对话框，设置参数后单击“确定”按钮，如图4-57所示。

图4-57 设置“投影”参数及效果

13 新建图层，使用“圆角矩形工具”绘制一个紫色的圆角矩形，并在上面输入文字，如图4-58所示。

图4-58 键入文字

14 将白色圆角矩形和“买”字一同选取，复制一个副本，按Ctrl+E组合键将副本合并。执行菜单栏中的“编辑/变换/垂直翻转”命令，为图层添加图层蒙版，使用“渐变工具”从下向上填充从白色到黑色的线性渐变，效果如图4-59所示。

图4-59 编辑蒙版

15 新建一个图层，绘制一个椭圆选区并填充为黑色，调整其不透明度，制作阴影效果，至此本例制作完毕，效果如图4-60所示。

图4-60 最终效果

16 使用同样的方法制作另外几个双列图像，效果如图4-61所示。

图4-61 双列图像

4.5 新/老客图像设计与制作

在移动端网店中新客与老客图片模式，存放的图像可以自动针对新客户与老客户，对于没有在该店铺中购买过商品的新浏览者，在手机端自动显示新客图片，如果已经买过商品了，在手机端会显示针对老客户的老客图片。在移动端网店中新客与老客图片模块按608像素×336像素进行预先设置，本节就为大家讲解一个关于户外商品店铺的新/老客图像广告的制作，如图4-62所示，具体操作如下。

图4-62 新客与老客图像

01 我们需要制作的新客与老客图像都是在素材基础上进行操作的，首先要打开素材。执行菜单栏中的“文件/打开”命令或按Ctrl+O组合键，打开“素材/第4章/户外装备001”素材，如图4-63所示。

图4-63 打开素材

02 在工具箱中选择“裁剪工具”，在属性栏中选择“宽×高×分辨率”，设置“宽度”为608像素，“高度”为366像素，“分辨率”为“72像素/英寸”，如图4-64所示。

图4-64 设置“裁剪工具”

03 工具属性设置完成后，使用鼠标在图像中拖动一个裁剪框，按Enter键完成裁剪，如图4-65所示。

图4-65 裁剪图像

04 新建一个图层，使用“矩形工具”绘制一个蓝色矩形，并设置“不透明度”为49%，效果如图4-66所示。

图4-66 设置不透明度

05 新建一个图层，使用“直线工具”绘制白色线条，效果如图4-67所示。

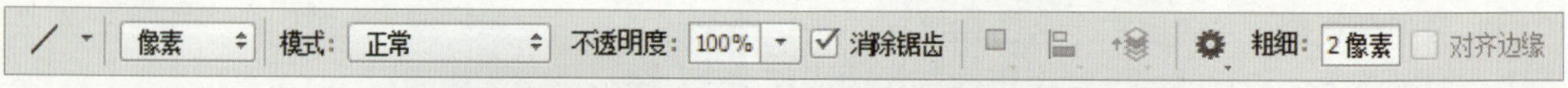

图4-67 绘制线条

06 新建一个图层，使用“自定义形状工具”绘制一个白色“圆环”图形，按住Alt键的同时向下拖动复制副本，效果如图4-68所示。

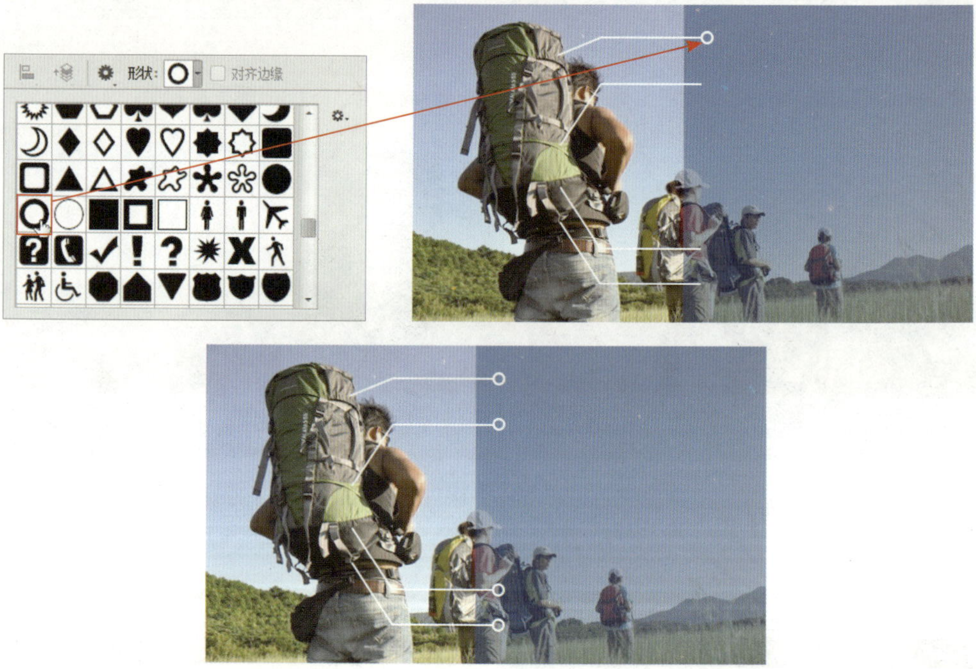

图4-68 绘制圆环

07 使用“横排文字工具”T输入与老客图片相对应的文字，效果如图4-69所示。

图4-69 输入文字

08 新建一个图层，选择“圆角矩形工具”▢，在属性栏中设置“半径”为8像素，绘制一个白色圆角矩形，在圆角矩形上面输入绿色文字“装备包”，效果如图4-70所示。

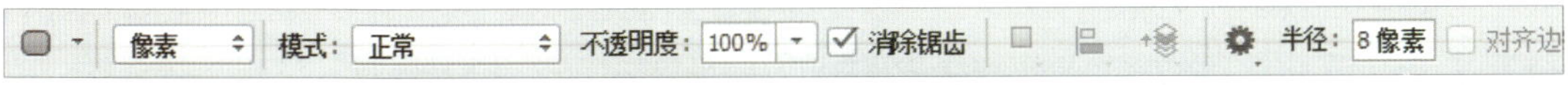

图4-70 绘制圆角矩形并输入文字

09 再次新建一个图层，使用“圆角矩形工具”▢绘制一个绿色圆角矩形，并在上面输入白色文字“马上订购”，如图4-71所示。

图4-71 绘制圆角矩形并输入文字

10 再次新建图层，使用“直线工具”╱绘制绿色线条，然后使用“椭圆工具”◯绘制绿色正圆，复制一个副本并移动位置，效果如图4-72所示。

图4-72 绘制线条和正圆

11 新建图层，使用“自定义形状工具”绘制一个白色“钥匙”图形，效果如图4-73所示。

图4-73 老客图片最终效果

12 在右侧底部绘制绿色圆角矩形，并在上面输入白色文字“紧身随行”，至此本例制作完毕，效果如图4-74所示。

图4-74 老客图片

13 使用同样的方法可以制作出其他新客图像以备后用，效果如图4-75所示。

图4-75 新客图片

4.6 焦点图设计与制作

无论是电脑端还是在移动端网店中的焦点图，都是在页面中进行轮播显示的，通过轮播及焦点图本身的吸引，可以大大增加店铺的流量。在移动端网店中焦点图模块图片的大小按640像素 × 320像素进行预先设置，本节就为大家讲解一个关于户外店商品店铺的两张焦点图图片广告的制作，如图4-76所示。

图4-76 焦点图

4.6.1 焦点图01

01 执行菜单栏中的“文件/新建”命令或按Ctrl+N组合键，新建一个“宽度”为640像素，“高度”为320像素，“分辨率”为72像素/英寸的空白图像。再执行菜单栏中的“文件/打开”命令或按Ctrl+O组合键，打开“素材/第4章/跳跃、商场02”素材，如图4-77所示。

图4-77 打开素材

02 将“跳跃”素材拖动到新建的文档中，调整大小后，使用“多边形套索工具”绘制选区，如图4-78所示。

图4-78 移入素材并绘制选区

03 选择“商场02”素材，按Ctrl+A组合键全选整个文档，再按Ctrl+C组合键拷贝内容。回到新建文档中，执行菜单栏中的“编辑/选择性粘贴/贴入”命令，为其创建贴入蒙版并调整图像大小，如图4-79所示。

图4-79 贴入素材

04 选择“图层1”，执行菜单栏中的“图像/调整/色相/饱和度”命令，打开“色相/饱和度”对话框，其中的参数设置如图4-80所示。

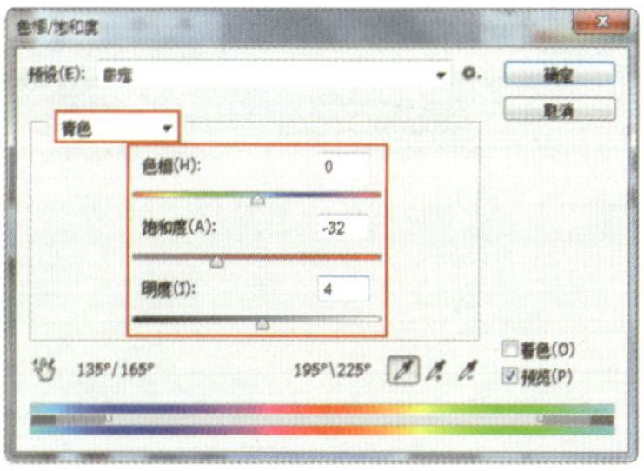

图4-80 “色相/饱和度”对话框

05 设置完毕后单击“确定”按钮，效果如图4-81所示。

图4-81 调整色相/饱和度后效果

06 执行菜单栏中的“文件/打开”命令或按Ctrl+O组合键，打开“素材/第4章/办公人物002”素材，使用“快速选择工具” 在腿部拖动创建选区，效果如图4-82所示。

图4-82 打开素材

07 将选区内的图像拖动到新建文档中，按Ctrl+T组合键调出变化框，调整大小和方向，效果如图4-83所示。

图4-83 调整素材

08 按Enter键完成变换，使用“橡皮擦工具” 擦除两个图像交接的位置，效果如图4-84所示。

图4-84 擦除图像

09 此时发现腿后面的两个图像对比不能很好地突出腿图像，选择“图层2”，执行菜单栏中的“图像/调整/色相/饱和度”命令，打开“色相/饱和度”对话框，其中的参数设置如图4-85所示。

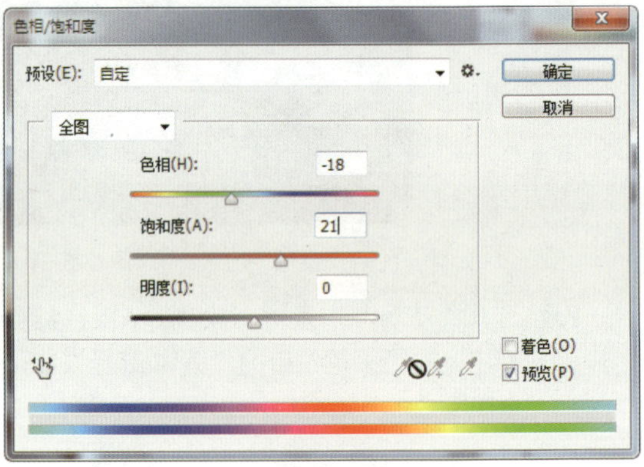

图4-85 “色相/饱和度”对话框

10 设置完毕后单击“确定”按钮，效果如图4-86所示。

图4-86 调整后色相/饱和度效果

11 使用“横排文字工具” T 输入与本焦点图相对应的文字，效果如图4-87所示。

图4-87 焦点图01最终效果

4.6.2 焦点图02

01 执行菜单栏中的“文件/打开”命令或按Ctrl+O组合键，打开“素材/第4章/帐篷4”素材，如图4-88所示。

图4-88 打开素材

02 在工具箱中选择“裁剪工具”，在属性栏中选择“宽×高×分辨率”，设置“宽度”为640像素，“高度”为320像素，“分辨率”为“72像素/英寸”，如图4-89所示。

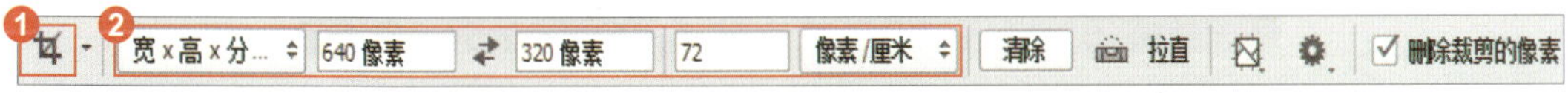

图4-89 设置“裁剪工具”

03 工具属性设置完成后，使用鼠标在图像中拖动一个裁剪框，按Enter键完成裁剪，如图4-90所示。

图4-90 裁剪图像

04 新建图层，使用“自定义形状工具” 绘制一个红色“心形”图形，设置“不透明度”为17%，然后复制图层，将“不透明度”设置为100%，如图4-91所示。

图4-91 绘制心形

05 按住Ctrl键单击“图层1拷贝”的图层缩略图，调出心形选区，执行菜单栏中的“选择/修改/羽化”命令，打开“羽化选区”对话框，设置“羽化半径”为15像素，如图4-92所示。

图4-92 羽化选区

06 按Delete键清除选区内容，效果如图4-93所示。

图4-93 清除选区内容

07 按Ctrl+D组合键取消选区。新建一个图层，在心形的左上角绘制4个白色矩形框，如图4-94所示。

图4-94 绘制矩形框

08 单击“图层”面板中的“添加图层蒙版”▣，添加图层蒙版，使用“渐变工具”▣从左上向右下拖动填充从白色到黑色的线性渐变，设置“不透明度”为62%，效果如图4-95所示。

图4-95 添加图层并填充渐变蒙版

09 新建图层，使用“直线工具”╱绘制红色线条，再复制并缩小心形图形和正圆形图形，分别调整不透明度后，将心形的方向进行调整，效果如图4-96所示。

图4-96 绘制图形

10 使用“横排文字工具”T输入与之对应的文字，并改变文字位置，效果如图4-97所示。

图4-97 输入文字

11 选择心形上面的文字，执行菜单栏中的“图层/图层样式/外发光”命令，打开“图层样式”对话框，其中的参数设置如图4-98所示。

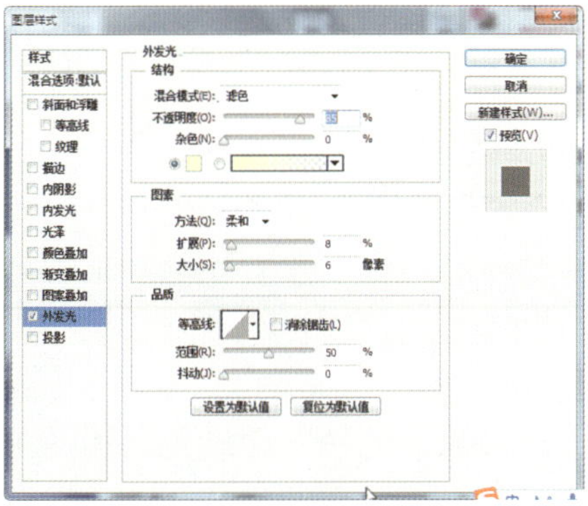

图4-98 “图层样式”对话框

12 设置完毕后单击“确定”按钮，在“图层”面板中调整“填充”为0%，效果如图4-99所示。

图4-99 调整填充

13 至此，焦点图02制作完毕，效果如图4-100所示。

图4-100 焦点图02最终效果

4.7 左文右图模块设计与制作

左文右图的图片模式是移动端网店特有的一种图片宣传效果。在移动端网店中左文右图图片的大小按608像素×160像素进行预先设置，本节就为大家讲解一个关于毛绒玩具店铺的左文右图图片广告的制作，具体操作如下。

01 执行菜单栏中的“文件/新建”命令或按Ctrl+N组合键，新建一个“宽度”为608像素，“高度”为160像素，“分辨率”为72像素/英寸的空白图像。再执行菜单中的“文件/打开”命令或按Ctrl+O组合键，打开“素材/第4章/天空和花纹”素材，将其拖动到“左文右图”文档中，如图4-101所示。

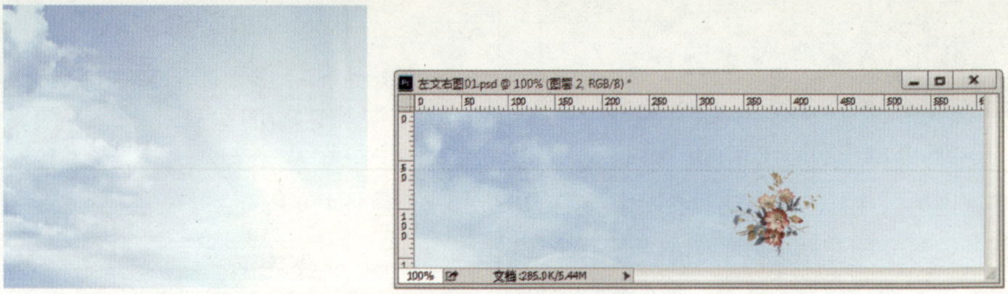

图4-101 移入素材

02 选择“花纹”所在的图层，复制一个副本，按Ctrl+T组合键调出变换框，拖动中心点到右侧，并调整大小及旋转，如图4-102所示。

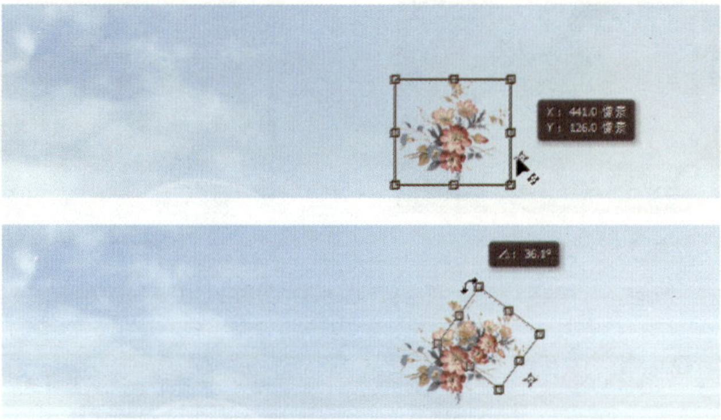

图4-102 变换素材

03 按Enter键完成变换，再按Ctrl+Shift+Alt+T组合键进行旋转复制，效果如图4-103所示。

图4-103 旋转复制变换

04 将复制的图层一同选取，按Ctrl+E组合键合并选择的图层，然后复制合并后的图层，执行菜单栏中的“编辑/变换/水平翻转”命令，翻转后向右移动位置，再打开“花纹”素材并将其拖动到当前文档中，效果如图4-104所示。

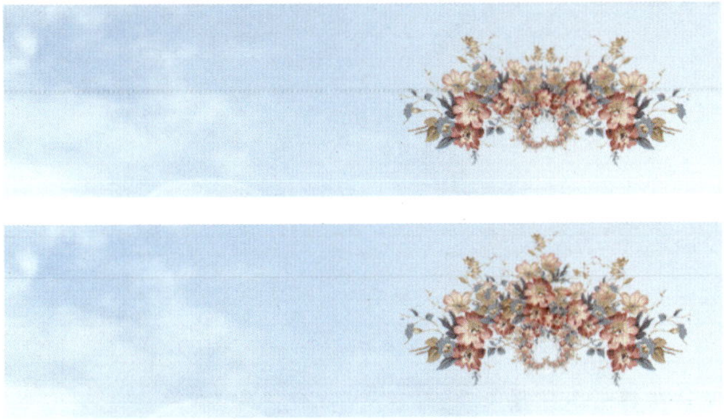

图4-104 水平翻转

05 打开“素材/第4章/影”素材，将“影”素材拖动到“左文右图”文档中，效果如图4-105所示。

图4-105 移入素材

06 打开“素材/第4章/冲锋衣006”素材，使用“魔术橡皮擦工具”在白色背景上单去掉背景，选择中间的人物，将其拖动到“左文右图”文档中并调整大小，效果如图4-106所示。

图4-106 移入素材

07 新建图层，使用“矩形工具”绘制一个白色矩形，调整“不透明度”为41%，输入文字完成左文右图的制作，效果如图4-107所示。

图4-107 左文右图

08 使用同样的方法制作其他的左文右图，效果如图4-108所示。

图4-108 左文右图

4.8 活动头图片模块设计与制作

活动头图片模式是移动端网店自定义装修界面特有的一种图片宣传效果。在移动端网店中活动头图片的大小按640像素 × 304像素进行预先设置，本节就为大家讲解一个关于户外用品店铺的活动头图片广告的制作，具体操作如下。

01 新建一个“宽度”为640像素，“高度”为304像素，“分辨率”为72像素/英寸，命名为“活动头图片”的空白文档。

02 执行菜单栏中的“文件/打开”命令，打开“素材/第4章/天空背景”素材，如图4-109所示。

图4-109 打开素材

03 将“天空背景”素材中的图像拖动到“全屏轮播图”文档中，按Ctrl+T组合键将其调整到与背景大小相一致，按Enter键完成变换，效果如图4-110所示。

图4-110 移入素材调整大小

04 执行菜单栏中的“文件/打开”命令或按Ctrl+O组合键，打开“素材文件/第4章/岛”素材，如图4-111所示。

图4-111 打开素材

05 使用“移动工具”将“岛”素材中的图像拖动到“全屏轮播图”文档中，按Ctrl+T组合键调出变换框，拖动控制点将图像缩小，效果如图4-112所示。

图4-112 图像变换

06 按Enter键完成变换，使用“魔术棒工具”在白色区域单击创建选区，如图4-113所示。

图4-113 创建选区

07 按住Alt键单击“添加图层蒙版”按钮，将选区部分以黑色蒙版进行遮罩，效果如图4-114所示。

图4-114 添加蒙版

08 将前景色设置为黑色，使用“画笔工具”，在岛下面的阴影处进行涂抹，如图4-115所示。

图4-115 编辑蒙版

09 复制“岛”素材所在的图层，得到拷贝图层，按Ctrl+T组合键调出变换框，拖动控制点将图像放大，如图4-116所示。

图4-116 放大图像

10 按Enter键确认，选择蒙版缩略图，将蒙版填充为“黑色”，如图4-117所示。

图4-117 填充蒙版

11 选择“画笔工具”后按F5键打开“画笔”面板，设置画笔的笔触，其中的参数设置如图4-118所示。

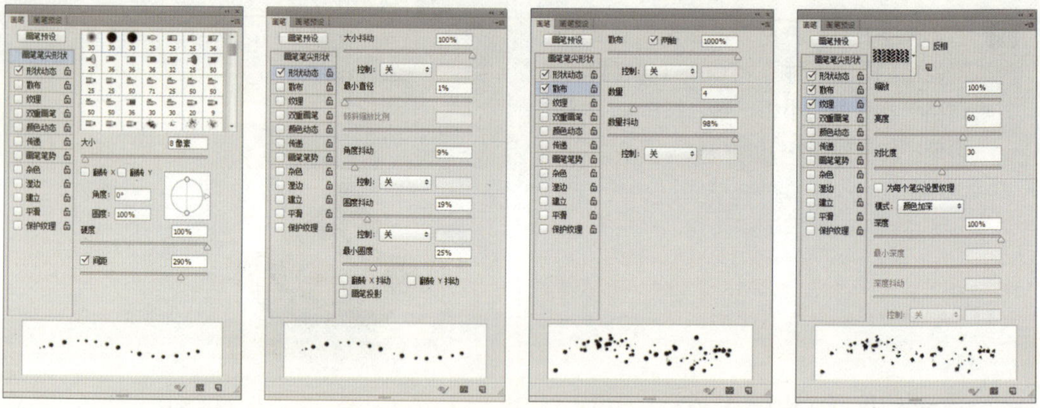

图4-118 “画笔”面板

12 将前景色设置为白色，使用“画笔工具”在蒙版中进行涂抹，随时调整画笔大小，效果如图4-119所示。

图4-119 编辑蒙版

13 将“图层2”和“图层2 拷贝”图层一同选取，向下移动，效果如图4-120所示。

图4-120 移动

14 执行菜单栏中的“文件/打开”命令，打开“素材/第4章/登山鞋”素材，使用“魔术橡皮擦工具”在白色背景上单击，去掉图像的背景，如图4-121所示。

图4-121 打开素材并去掉背景

15 将“登山鞋”素材中的图像拖动到“活动头图片”文档中，按Ctrl+T组合键调出变换框，拖动控制点将鞋子调整到合适大小并旋转，效果如图4-122所示。

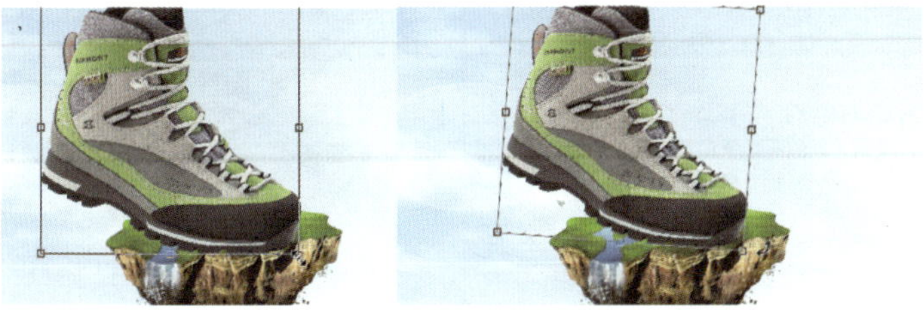

图4-122 图像变换

16 按Enter键完成变换，在鞋子所在图层的下方新建一个图层，绘制一个椭圆选区，并将其填充为黑色，效果如图4-123所示。

图4-123 绘制选区并填充为黑色

17 按Ctrl+D组合键取消选区，执行菜单栏中的“滤镜/模糊/高斯模糊”命令，打开“高斯模糊”对话框，其中的参数设置如图4-124所示。

图4-124 “高斯模糊”对话框

18 设置完毕后单击“确定”按钮，设置“不透明度”为79%，效果如图4-125所示。

图4-125 模糊后去效果

19 新建一个图层，使用“钢笔工具”创建一条曲线路径，如图4-126所示。

图4-126 绘制路径

20 在工具箱中选择“画笔工具”后，按F5键打开“画笔”面板，分别设置画笔的各项功能，效果如图4-127所示。

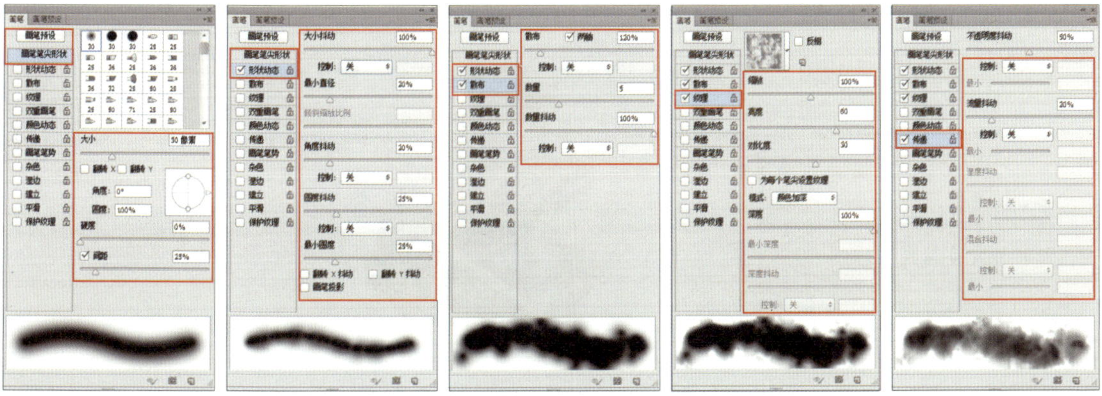

图4-127 设置画笔

21 在“路径”面板中的弹出菜单中选择“描边路径”选项，打开“描边路径”对话框，选择“工具”为“画笔”，勾选“模拟压力”复选框，如图4-128所示。

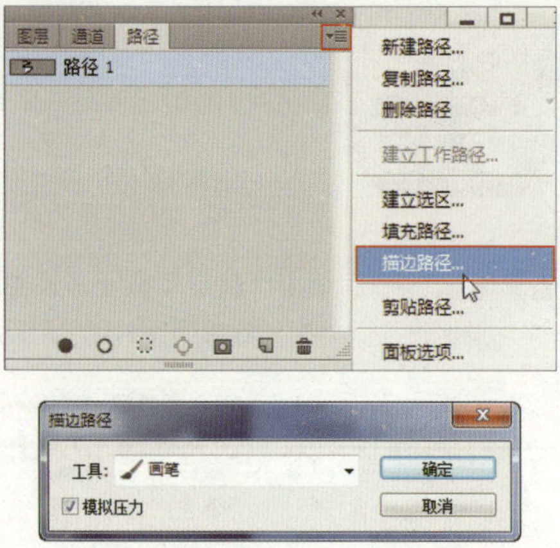

图4-128 设置描边路径

22 单击“确定”按钮，为路径进行画笔描边，如图4-129所示。

图4-129 描边后去效果

23 在“路径”面板空白处单击隐藏路径。回到“图层”面板，单击“添加图层蒙版”按钮，添加一个空白蒙版，将前景色设置为黑色，使用“画笔工具”编辑空白蒙版，效果如图4-130所示。

图4-130 编辑蒙版

24 执行菜单栏中的“文件/打开”命令，打开“素材/第4章/鸽子、人物男”素材，如图4-131所示。

图4-131 打开素材

25 分别将“鸽子、热气球、人物男”素材拖动到“全屏轮播图”文档中，调整大小并移动到合适的位置，如图4-132所示。

图4-132 移入素材

26 新建一个图层，选择“画笔工具”，在“画笔拾色器”中选择云彩画笔，在图像中绘制云彩，效果如图4-133所示。

图4-133 绘制云彩

27 利用同样的方法制作人物脚底的阴影，效果如图4-134所示。

图4-134 脚底阴影

28 绘制一个绿色正圆，效果如图4-135所示。

图4-135 绘制正圆

29 选择“铅笔工具”，按F5键打开“画笔”面板，其中的参数设置如图4-136所示。

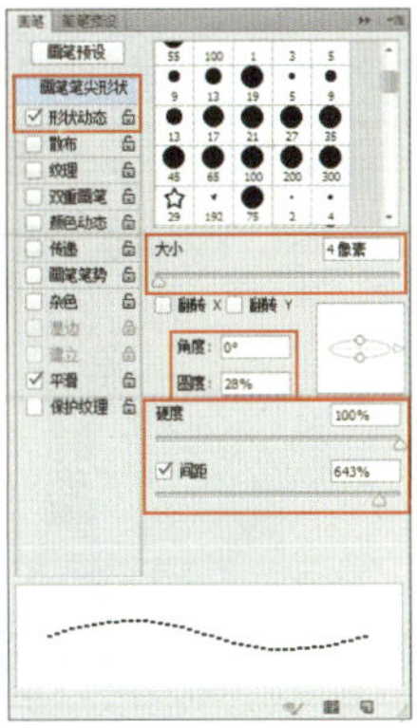

图4-136 设置画笔

30 新建一个图层，选择“铅笔工具”，按住Shift键绘制两条黑色线段，效果如图4-137所示。

图4-137 绘制画笔

31 使用“横排文字工具” T 输入文本，调整文字字体、大小及颜色，至此本例制作完毕，效果如图4-138所示。

图4-138 活动头图片

32 为不同的商品自定义页面制作活动头图片，效果如图4-139所示。

图4-139 活动头图片

图4-139 活动头图片（续）

4.9 多图片模块设计与制作

多图片模式是移动端网店装修界面特有的一种图片宣传效果，被插入的图片可以在屏幕中左右滑动。在移动端网店中多图片模块的大小按248像素 × 146像素进行预先设置，具体操作步骤如下。

01 执行菜单栏中的“文件/新建”命令或按Ctrl+N组合键，新建一个“宽度”为248像素，“高度”为146像素，“分辨率”为72像素/英寸的空白文档，将文档填充为绿色，如图4-140所示。

图4-140 新建文档并填充

02 使用“矩形选框工具”绘制一个矩形选区，如图4-141所示。

图4-141 绘制矩形选区

03 执行菜单栏中的“图像/调整/亮度/对比度”命令，打开“亮度/对比度”对话框，其中的参数设置如图4-142所示。

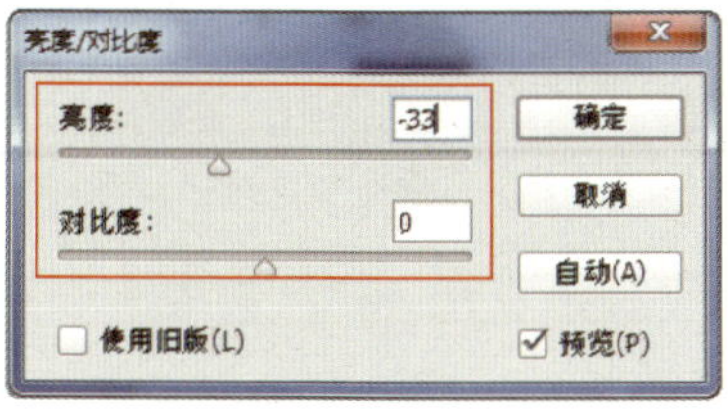

图4-142 “亮度/对比度”对话框

04 设置完毕后单击“确定”按钮，效果如图4-143所示。

图4-143 调整亮度/对比度后效果

05 按Ctrl+D组合键取消选区，使用“横排文字工具” T 输入文字，效果如图4-144所示。

图4-144 输入文字

06 使用同样的方法制作另外几个图片效果，如图4-145所示。

图4-145 多图模式

07 新建一个“宽度”为630像素，“高度”为350像素，“分辨率”为72像素/英寸的空白文档，按照此类方法制作一个“天天特价”的图片，效果如图4-146所示。

图4-146 天天特价

第5章 移动端店铺首页装修实战

本章主要为大家介绍将之前设计制作的装修元素应用到手机网上店铺首页中，完成最终的装修效果，使手机网上店铺能够在手机等移动设备中正常运营，使经营者真正将店铺从电脑端淘宝开到手机等移动端设备。

重点提示

- ★ 进入手机淘宝装修首页
- ★ 上传制作完成的装修元素图片到图片空间
- ★ 店招与店标的应用
- ★ 插入首屏广告图片
- ★ 插入双列图片
- ★ 插入新/老客模块
- ★ 插入焦点图模块
- ★ 插入左文右图模块
- ★ 插入多图模块
- ★ 插入宝贝展示效果
- ★ 插入文本
- ★ 创建链接

5.1 进入手机淘宝装修首页

手机淘宝中的各个元素制作完毕后，就该将其应用到手机淘宝中了，在应用之前要先掌握如何进入手机淘宝装修界面，具体的操作步骤如下。

01 登录淘宝网后，执行菜单栏中的“卖家中心”，进入后台，选择“我是卖家/店铺管理/手机淘宝店铺”，如图5-1所示。

图5-1 选择手机淘宝店铺

02 选择“手机淘宝店铺”后，在右侧出现“无线店铺”，在下面直接单击“立即装修”按钮，如图5-2所示。

图5-2 单击“立即装修”按钮

03 系统进入“无线运营中心”界面，选择“店铺装修”，如图5-3所示。

图5-3 选择店铺装修

04 选择“店铺装修”后，在右侧“装修手机淘宝店铺”中直接单击“店铺首页”按钮，如图5-4所示。

图5-4 单击“店铺首页”按钮

05 现在进入到真正的手机淘宝店铺首页装修界面中，如图5-5所示。

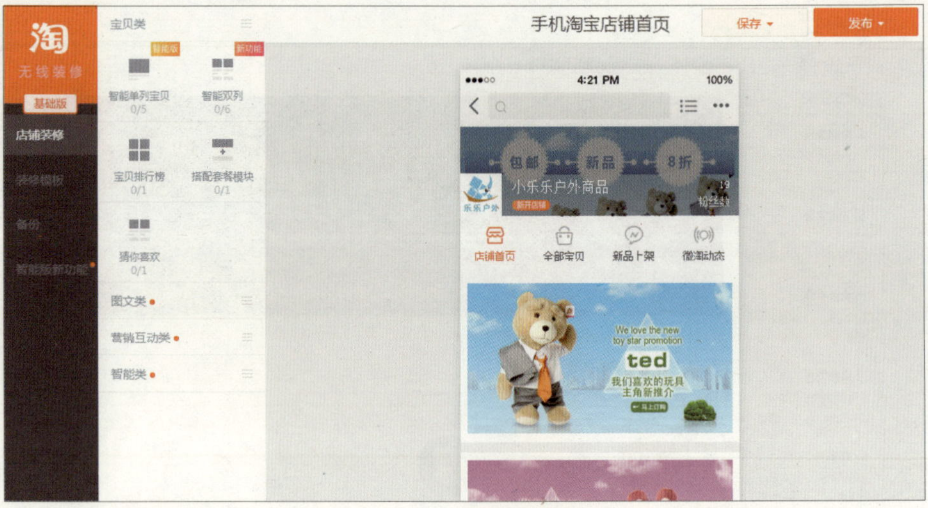

图5-5 手机淘宝店铺首页

5.2 上传制作完成的装修元素图片到图片空间

手机淘宝店铺在装修之前要先将之前制作的各个元素，上传到“图片空间”中，这样更加利于装修并方便管理操作，具体的操作步骤如下：

01 进入淘宝网后台，选择“我是卖家/店铺管理/图片空间”，即可进入“图片空间”页面中，如图5-6所示。

图5-6 进入“图片空间”页面

02 为了方便查找与管理，这里新建一个“移动端网店”文件夹，如图5-7所示。

图5-7 新建文件夹

03 在“图片空间”中双击“移动端网店”文件夹，进入内部后，单击“上传图片”按钮，如图5-8所示。

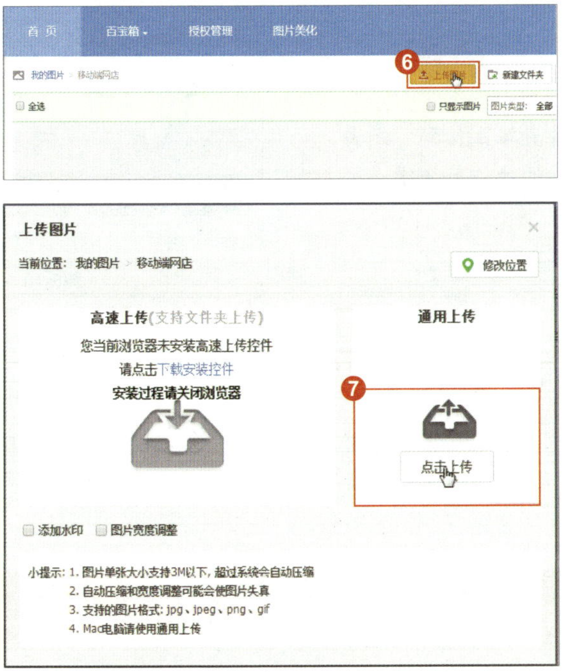

图5-8 上传图片

04 单击“点击上传”按钮，进入“打开”对话框，找到需要上传的图片，如图5-9所示。

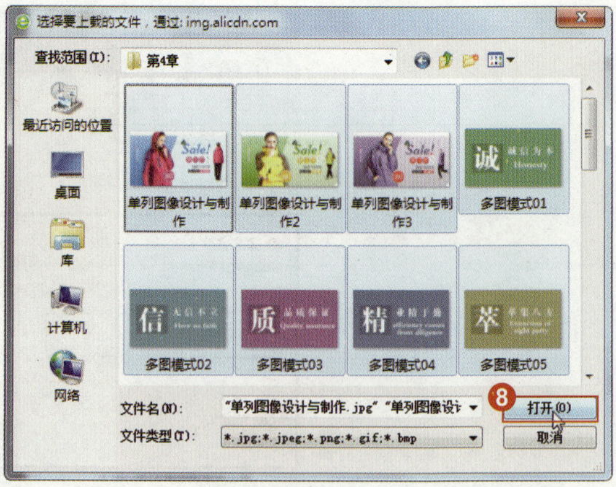

图5-9 选择图片

05 选择全部的装修元素，单击“打开”按钮，此时会将制作的各个装修元素上传到“图片空间”中的“移动端网店”文件夹中，如图5-10所示。

图5-10 上传的图片

•温馨提示•

将装修用到的图片直接上传到“图片空间”中，可以为之后的操作节省很多的操作时间。

5.3 店招与店标的应用

店铺开张后的第一件事就是为自己的手机淘宝店铺挂上店铺标志及店招，目的是让浏览者知道现在所浏览的的店铺。

5.3.1 手机淘宝店铺中店标的更换

手机淘宝店铺的店标与电脑端淘宝店铺的店标，使用的是同一个店标，在电脑端淘宝店铺替换了店标后，手机端的店铺同样会跟着替换。

01 在“手机淘宝店铺首页”中的预览区域单击“店标”图标或直接在“店招”上单击，再在右侧弹出的“模块编辑”编辑区，先单击“新版店招”按钮，再在“店铺基本信息”下面单击“修改”或“更换Logo”，如图5-11所示。

图5-11 单击图标

02 单击“修改”或“更换Logo”后，系统会进入到“淘宝后台”中的“店铺基本设置”中，在其中可以更改“店铺名称”和“店铺标志”，如图5-12所示。

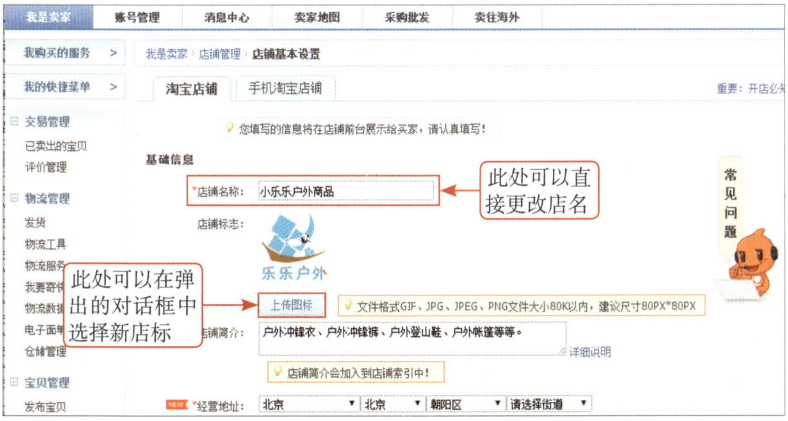

图5-12 替换店名与店标

5.3.2 手机淘宝店铺中店招的应用

不同的店铺应该有一块与之对应的店铺招牌。好的店招不但可以增加网店吸引力，而且还能够加大整体的销量，本节就为大家讲解如何在装修手机淘宝店铺中添加已经设计制作好的店招。

以户外商品的店铺作为装修对象，为大家讲解在手机淘宝店铺中应用与更换设计制作好的店招的方法，具体操作如下。

01 在“手机淘宝店铺首页”中的预览区域单击“店招”图片，再在右侧弹出的“模块编辑”编辑区单击“新版店招”按钮，在“新版店招图片”下面先选中“自定义上传”单选按钮，再单击“上传图片”按钮，如图5-13所示。

图5-13 上传店招

02 单击“上传图片”后，系统会弹出“图片小工具”对话框，在左侧选择“移动端网店”文件夹，在右侧选择“乐乐户外移动端店招”图片，如图5-14所示。

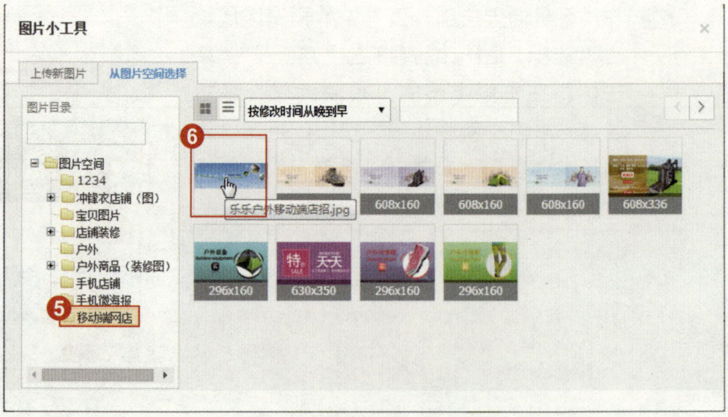

图5-14 选择店招图片

03 选择店招图片后，会进入裁剪图片区域，由于此图是按照店招大小设计的，直接单击“上传”按钮即可，如图5-15所示。

图5-15 裁剪图片区域

•温馨提示•

在“图片小工具”中的“裁剪图片”就好比是Photoshop中（裁剪工具）剪裁固定大小的图像，裁剪框的大小最终都是“新版店招”的750像素×254像素，裁剪框会等比例进行缩放，如图5-16所示。

图5-16 裁剪图片

04 单击“上传”按钮后，系统会将选择的店招图片进行替换，单击“确定”按钮，就可以在预览区看到替换后的店招，如图5-17所示。

05 在“手机淘宝店铺首页”右上角单击“保存”按钮，可以将替换的店招进行保存，然后单击“发布”按钮，即可将设置后的效果发布到手机淘宝中，在手机中可以看到效果。

图5-17 替换后的店招

5.4 插入首屏广告图片

首屏广告图片在手机淘宝店铺中通常由单列图片模块展现，在规格要求中按608像素×（200～960）像素进行设计，在店铺中的主要作用是用来吸引买家目光增加店铺流量，具体的应用步骤如下。

01 在“手机淘宝店铺首页”中的“装修模块”区，选择“图文类”中的“单列图片模块”后，将其拖动到“预览区”中，如图5-18所示。

图5-18 拖动单列图片模块

02 将“单列图片模块”拖动到“预览区”后，该区域会出现“单列图片模块”，如图5-19所示。

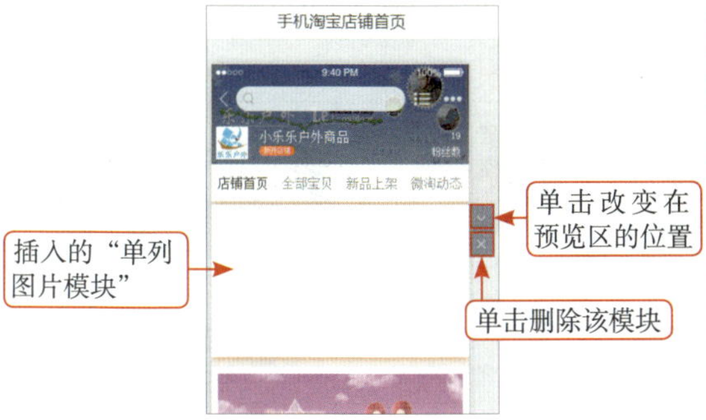

图5-19 单列图片模块

03 选择插入的“单列图片模块”后，在右侧弹出“单列图片模块”编辑区，单击“图片”上的“+”按钮，如图5-20所示。

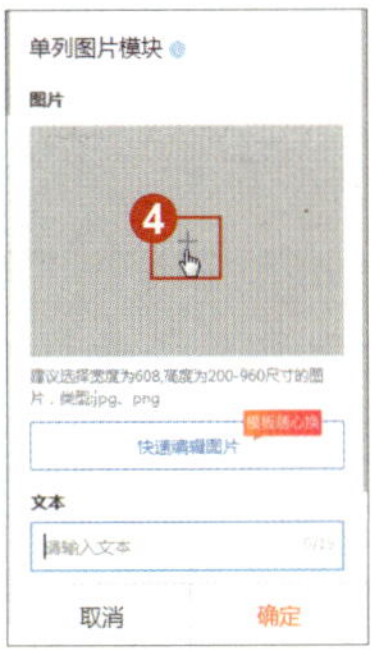

图5-20 单列图片模块

04 系统弹出“图片小工具”对话框，在左侧选择“移动端网店”文件夹，在右侧选择“单列图片”，如图5-21所示。

图5-21 选择单列图片

05 选择“单列图片”后，进入裁剪图片区域，由于此图是按照规格大小设计的，直接单击“上传”按钮即可，如图5-22所示。

图5-22 裁剪图片区域

06 单击“上传”按钮后，“单列图片”会显示在“单列图片模块”的图片区，单击“确定”按钮，就可以在预览区看到插入的“首屏广告图片”了，如图5-23所示。

图5-23 插入图片

•温馨提示•

在“单列图片模块”“文字”区域中输入的文字，会显示在“单列图片”的下方，起到辅助说明的作用，如图5-24所示。

图5-24 键入的文字

07 使用同样的方法，可以将之前制作的另外的“单列图片”再次插入，效果如图5-25所示。

08 在“手机淘宝店铺首页”右上角单击“保存”按钮，可以将操作进行保存，然后单击“发布”按钮，即可将设置后的效果发布到手机淘宝中。

图5-25 插入图片

5.5 插入双列图片

在手机淘宝店铺中，双列图片在水平位置可以并排显示两个图像，在规格要求中按296像素×160像素进行设计，主要作用是用来细化店铺中的商品，具体的应用步骤如下。

01 在“手机淘宝店铺首页”中的“装修模块”区，选择“图文类”中的“双列图片模块”后，将其拖动到“预览区”中，如图5-26所示。

图5-26 拖动双列图片模块

02 在右侧弹出的“双列图片模块”编辑区中单击“第一张图片”下面的“+”按钮，如图5-27所示。

03 系统弹出“图片小工具”对话框，在左侧选择“移动端网店”文件夹，在右侧选择“双列图片”，如图5-28所示。

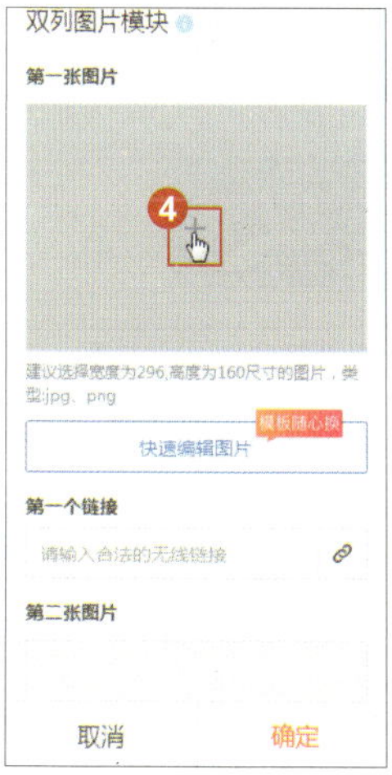

图5-27 双列图片模块

图5-28 选择双列图片

04 选择“单列图片”后，进入裁剪图片区域，由于此图是按照规格大小设计的，直接单击“上传”按钮即可，如图5-29所示。

图5-29 裁剪图片区域

05 单击“上传”按钮后，“双列图片”会显示在“双列图片模块”的图片区，单击“第二张图片”上的“+”按钮，选择另一张“双列图片”，具体上传方法与前一张一致，如图5-30所示。

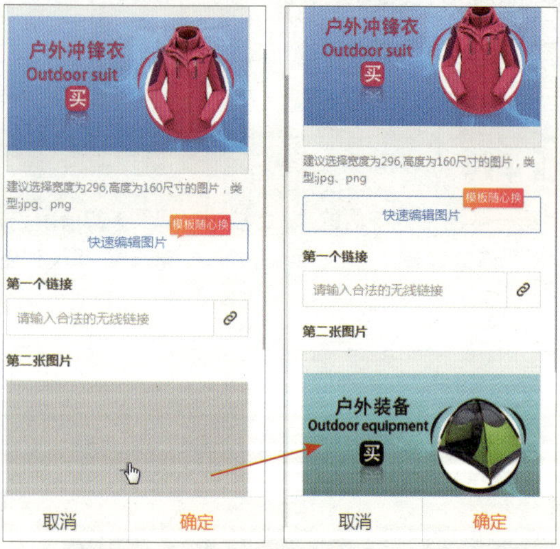

图5-30 插入图片

06 设置完毕后单击“确定”按钮，此时会将“双列图片”显示在“预览区”中，效果如图5-31所示。

图5-31 插入的图片

07 在“手机淘宝店铺首页”右上角单击“保存”按钮，可以将操作进行保存，然后单击“发布”按钮，即可将设置后的效果发布到手机淘宝中。

5.6 插入新/老客模块

在手机淘宝店铺中新/老客模块，在规格要求中按608像素 × 336像素进行设计，用来区分新/老客户浏览该店时显示的不同图片，在手机淘宝店铺中只能插入一次，具体的应用步骤如下。

01 在“手机淘宝店铺首页”中的“装修模块”区，选择“智能类”中的“新老客模块”，将其拖动到“预览区”中，如图5-32所示。

图5-32 拖动新老客模块

02 在右侧弹出的“新老客模块”编辑区，单击“老客图片”下的“+”按钮，如图5-33所示。

03 系统弹出“图片小工具”对话框，在左侧选择“移动端网店”文件夹，在右侧选择“老客图片”，如图5-34所示。

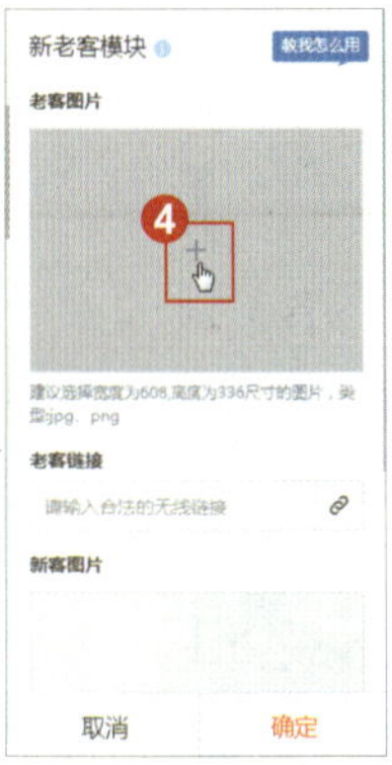

图5-33 新老客模块

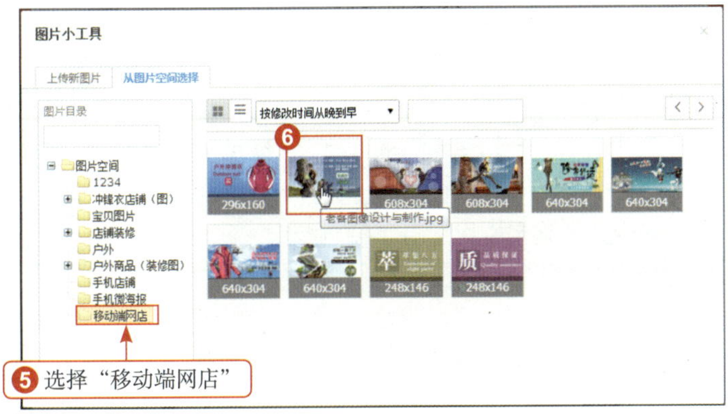

图5-34 选择老客图片

04 选择“老客图片”后，进入裁剪图片区域，由于此图是按照规格大小设计的，直接单击“上传”按钮即可，如图5-35所示。

图5-35 裁剪图片区域

05 单击“上传”按钮后，“老客图片”会显示在“新老客模块”的图片区，单击“新客图片”下的“+”按钮，选择“新客图片”，如图5-36所示。

图5-36 插入图片

06 设置完毕后单击“确定”按钮，此时会将“新客图片”显示在“预览区”中，效果如图5-37所示。

07 在“手机淘宝店铺首页”右上角单击“保存”按钮，可以将操作进行保存，然后单击“发布”按钮，即可将设置后的效果发布到手机淘宝中。

图5-37 插入的新老客图片

5.7 插入焦点图模块

在手机淘宝店铺中的焦点图模块，在规格要求中按608像素×304像素进行设计，主要作用是通过图片轮播的方式进一步吸引买家的目光，在手机淘宝店铺中只能插入两次，具体的应用步骤如下。

01 在“手机淘宝店铺首页”中的“装修模块”区，选择“图文类”中的“轮播图模块”后，将其拖动到“预览区”中，如图5-38所示。

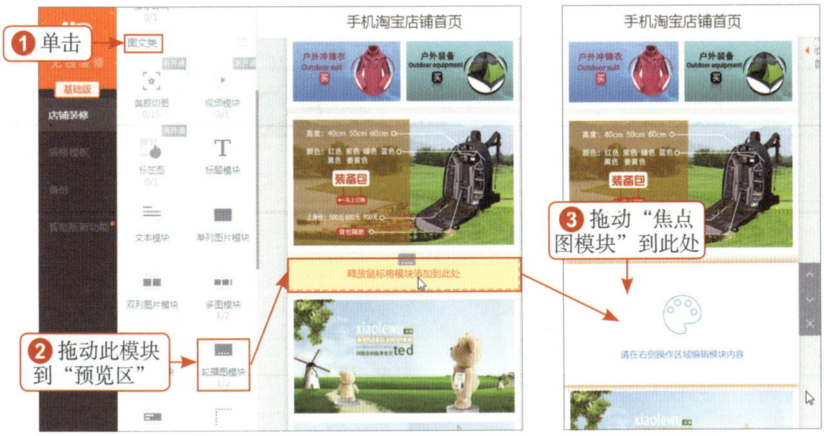

图5-38 拖动焦点图模块

02 在右侧弹出的"轮播图模块"编辑区中单击"图片"下的"+"按钮，如图5-39所示。

03 系统弹出"图片小工具"对话框，在左侧选择"移动端网店"文件夹，在右侧选择"焦点图01"图片，如图5-40所示。

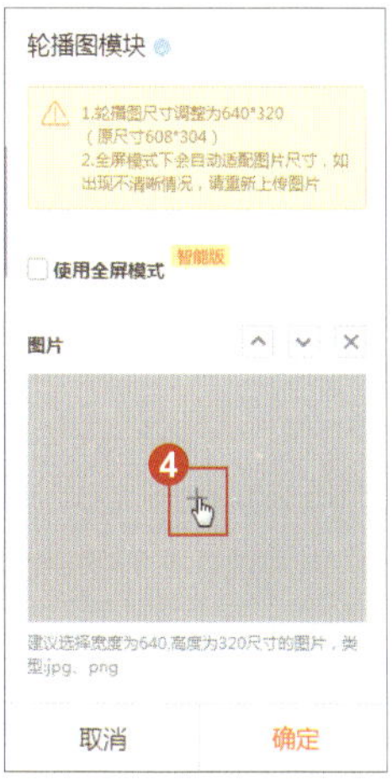

图5-39 焦点图模块

图5-40 选择焦点图图片

04 选择"焦点图01"图片后，进入裁剪图片区域，由于此图是按照规格大小设计的，直接单击"上传"按钮即可，如图5-41所示。

图5-41 裁剪图片区域

05 单击“上传”按钮后，“焦点图01”会显示在“焦点图模块”的图片区，单击“添加”按钮，得到一个新的“焦点图图片”区域，如图5-42所示。

图5-42 插入图片

06 单击新建的轮播图“图片”下的“+”按钮，弹出“图片小工具”对话框，在左侧选择“移动端网店”文件夹，在右侧选择“焦点图02”图片，如图5-43所示。

图5-43 选择图片

07 选择“焦点图02”图片后，进入裁剪图片区域，由于此图是按照店招大小设计的，直接单击“上传”按钮即可，如图5-44所示。

图5-44 裁剪图片区域

08 单击“上传”按钮后，“焦点图02”会显示在“焦点图模块”的图片区，单击“确定”按钮，在“预览区”可以看到插入的效果，如图5-45所示。

09 在“手机淘宝店铺首页”右上角单击“保存”按钮，可以将操作进行保存，然后单击“发布”按钮，即可将设置后的效果发布到手机淘宝中。

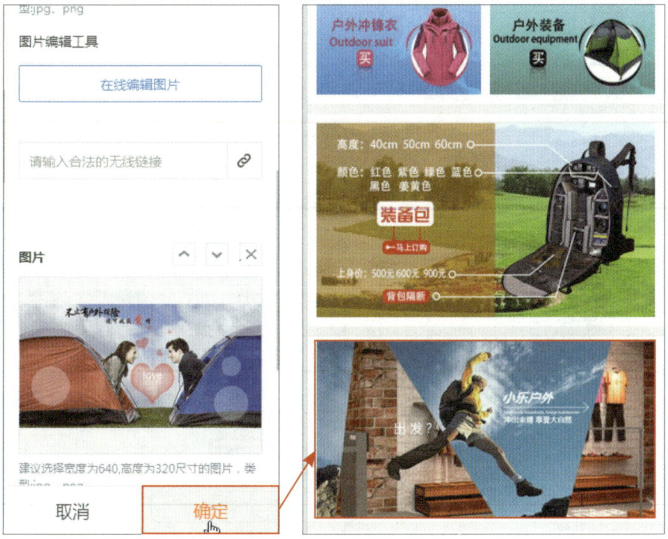

图5-45 插入的轮播图图片

5.8 插入左文右图模块

在手机淘宝店铺中的左文右图模块，在规格要求中按608像素×160像素进行设计，主要作用是对详细商品的广告宣传，具体的应用步骤如下：

01 在“手机淘宝店铺首页”中的“装修模块”区，选择“图文类”中的“左文右图模块”，将其拖动到“预览区”中，如图5-46所示。

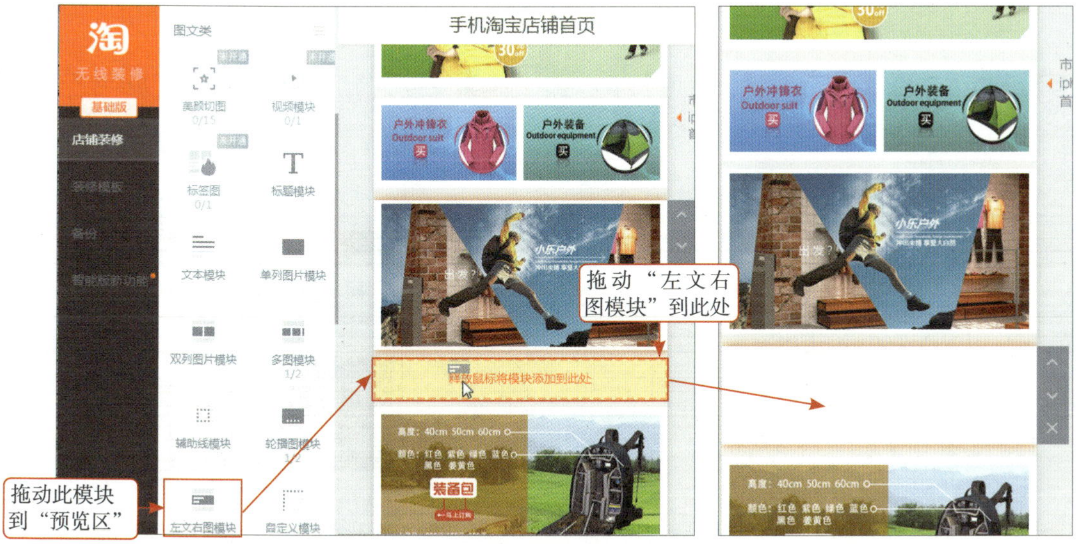

图5-46 拖动左文右图模块

02 在右侧弹出的“左文右图模块”编辑区中单击“图片”下的“+”按钮，如图5-47所示。

03 系统弹出“图片小工具”对话框，在左侧选择“移动端网店”文件夹，在右侧选择“左文右图”图片，如图5-48所示。

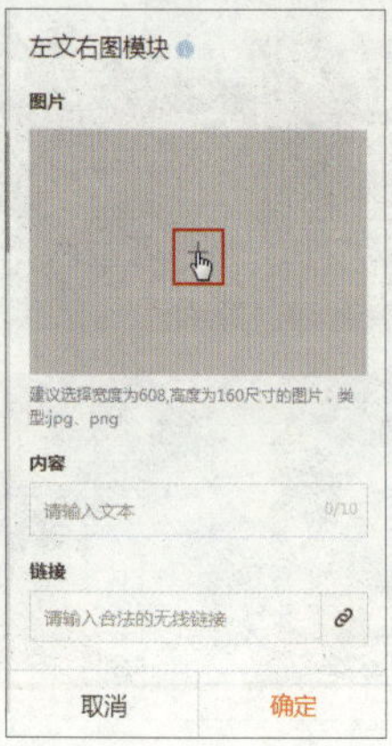

图5-47 左文右图模块

图5-48 选择左文右图图片

04 选择“左文右图”图片后，进入裁剪图片区域，由于此图是按照规格大小设计的，直接单击“上传”按钮，如图5-49所示。

图5-49 裁剪图片区域

05 单击“上传”按钮后，“左文右图”会显示在“左文右图模块”的图片区，如图5-50所示。

图5-50 插入图片

06 设置完毕后单击“确定”按钮，此时会将“左文右图”显示在“预览区”中，效果如图5-51所示。

图5-51 左文右图预览

07 在“手机淘宝店铺首页”右上角单击“保存”按钮，可以将操作进行保存，然后单击“发布”按钮，即可将设置后的效果发布到手机淘宝中。

5.9 插入多图模块

在手机淘宝店铺中的多图模块，在规格要求中按248像素×146像素进行设计，主要作用是对优惠或相应活动进行展示，具体的应用步骤如下。

01 在“手机淘宝店铺首页”中的“装修模块”区，选择“图文类”中的“多图模块”，将其拖动到“预览区”中，如图5-52所示。

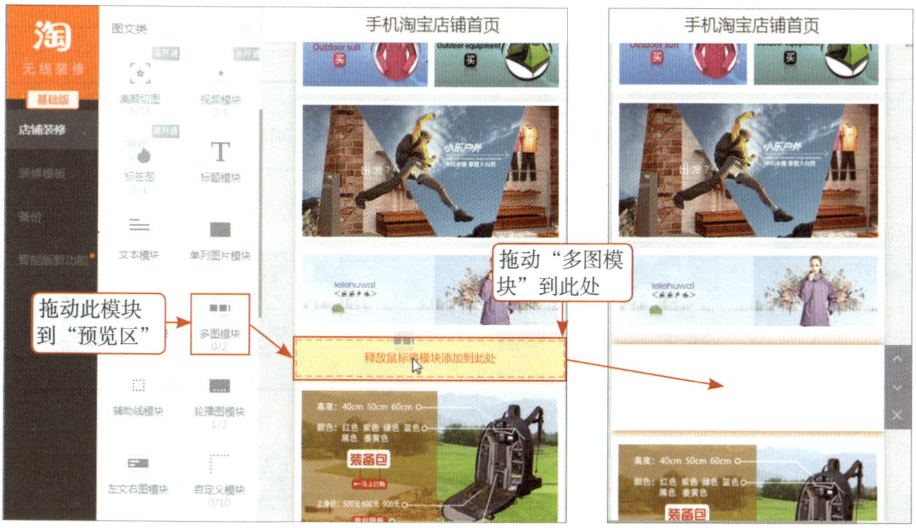

图5-52 拖曳多图模块

02 在右侧弹出的“多图模块”编辑区中单击“图片”下面的“+”按钮，如图5-53所示。

03 弹出“图片小工具”对话框，在左侧选择“移动端网店”文件夹，在右侧选择“多图模式01”，如图5-54所示。

图5-53 多图模块

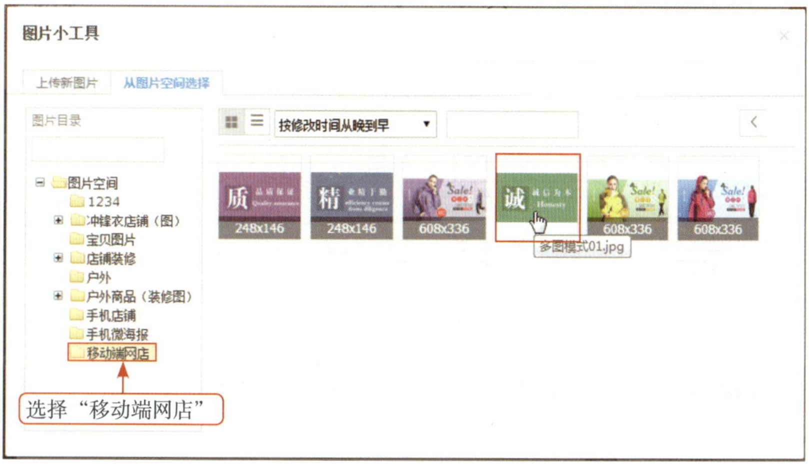

图5-54 选择多图图片

04 选择“多图模式01”后，进入裁剪图片区域，由于此图是按照规格大小设计的，直接单击“上传”按钮即可，如图5-55所示。

图5-55 裁剪图片区域

05 单击“上传”按钮后，“多图图片”会显示在图片区，使用同样的方法，将其他的多图图片也插入进来，如图5-56所示。

图5-56 插入图片

06 设置完毕后单击“确定”按钮，此时会将“多图图片”显示在“预览区”中，效果如图5-57所示。

图5-57 插入多图图片

07 在“手机淘宝店铺首页”右上角单击“保存”按钮，可以将操作进行保存，然后单击“发布”按钮，即可将设置后的效果发布到手机淘宝中。

5.10 插入宝贝展示效果

在手机淘宝店铺中上传的宝贝，可以按照装修设置进行展示，如单列宝贝、双列宝贝等效果，具体的应用步骤如下：

01 在“手机淘宝店铺首页”中的“装修模块”区，选择“宝贝类”中的“智能单列宝贝”，将其拖动到“预览区”中，如图5-58所示。

图5-58 拖动单列宝贝

02 在右侧弹出的“单列宝贝模块”编辑区，在此处可以设置“标题”“链接”及“推荐类型”等，如果选中“手动推荐”单选按钮，可以在“预览区”中插入6个宝贝，如图5-59所示。

图5-59 单列宝贝模块

03 在“手机淘宝店铺首页”中的“装修模块”区，选择“宝贝类”中的“智能双列”，将其拖动到“预览区”中，如图5-60所示。

04 在“手机淘宝店铺首页”中的“装修模块”区，选择“宝贝类”中的“排行榜”，将其拖动到“预览区”中，效果如图5-61所示。

图5-60 拖动双列宝贝

图5-61 拖动排行榜

5.11 插入文本

在手机淘宝店铺中插入文本可以用来对店铺做公告或文字标题，具体的应用步骤如下。

01 在“手机淘宝店铺首页”中的“装修模块”区，选择“图文类”中的“标题”，将其拖动到“预览区”中，如图5-62所示。

图5-62 拖动单列宝贝

02 在右侧弹出的“文本模块”编辑区，我们可以在“文本内容”区域中输入文字，输入完毕后单击“确定”按钮，即可在“预览区”中显示输入的文字，如图5-63所示。

图5-63 输入文本

•温馨提示•

“标题模块”的插入方法与“文本模块”的插入方法一致。

5.12 创建链接

在手机淘宝店铺中将各个模块插入完毕后，如果不创建链接的话，模块只会起到显示的作用，本节就为大家讲解一下添加页面链接的方法，这里我们以“单列图片模块”为讲作对象，具体操作步骤如下。

01 在“手机淘宝店铺首页”中的“预览区”内，单击“TED熊”单列图片，在弹出的“单列图片模块”中单击“链接”后面的 （链接）图标，如图5-64所示。

图5-64 单击“链接”图标

02 单击 （链接）图标后，弹出“链接小工具”，在其中选择“宝贝分类链接”选项列，在下面选择“户外冲锋衣”的“选择链接”，如图5-65所示。

图5-65 链接小工具

03 选择链接后，在“单列图片模块”编辑区会出现链接地址，如图5-66所示。

图5-66 链接地址

04 单击“确定”按钮后，在“手机淘宝店铺首页”右上角单击“保存”按钮，可以将操作进行保存，然后单击“发布”按钮，即可将设置后的效果发布到手机淘宝中，此时单击二维码图标，弹出本页面的二维码，如图5-67所示。

图5-67 发布成功

05 使用手机淘宝对上面的二维码进行扫描，即可进入店铺中，如图5-68所示。

图5-68 进入手机店铺

06 用手指点选创建链接的首屏广告，会自动跳转到链接页面，如图5-69所示。

图5-69 链接页面

第6章 自定义页面设计

本章主要介绍将之前设计制作的各个元素应用到手机淘宝店铺自定义页面的方法，使手机淘宝店铺能够在移动端设备中正常运营。自定义页面对细分的商品起到补充展示的作用，可以详细展示某一类商品的多个效果。

重点提示

- ★ 进入手机淘宝装修自定义页面
- ★ 应用活动头图片
- ★ 插入展示宝贝模块
- ★ 插入图文类模块
- ★ 编辑链接

6.1 进入手机淘宝装修自定义页面

手机淘宝中的各个元素制作完毕后，不但可以将其应用到手机淘宝首页中，还可以应用到自定义页面中。本节就为大家讲解进入自定义页面的方法，具体的操作步骤如下。

01 登录淘宝网后，进入“无线运营中心”页面中，在此页面中选择“自定义页面”，再单击“页面管理”下面的“新建页面”按钮，如图6-1所示。

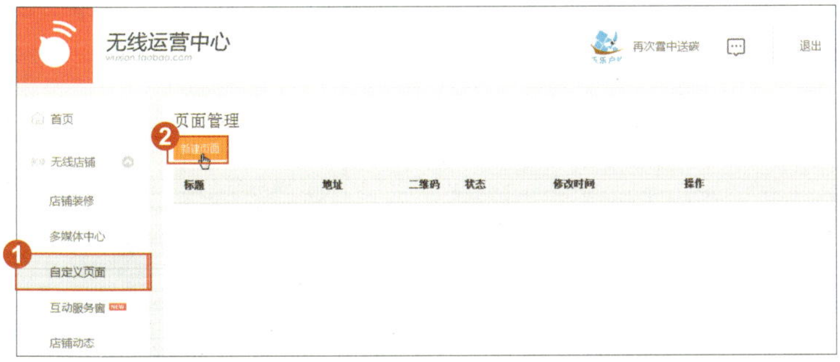

图6-1 “无线运营中心”页面

02 单击“新建页面”按钮后，弹出“请输入页面名称”对话框，在其中输入该页面的名称，如图6-2所示。

图6-2 设置自定义页面名称

03 输入名称后，单击“确定”按钮，此时会在“页面管理”中出现一个“户外冲锋衣”，如图6-3所示。

图6-3 页面管理

04 单击“页面管理”中的“编辑”按钮，即可进入自定义页面的“户外冲锋衣”编辑页面中，如图6-4所示。

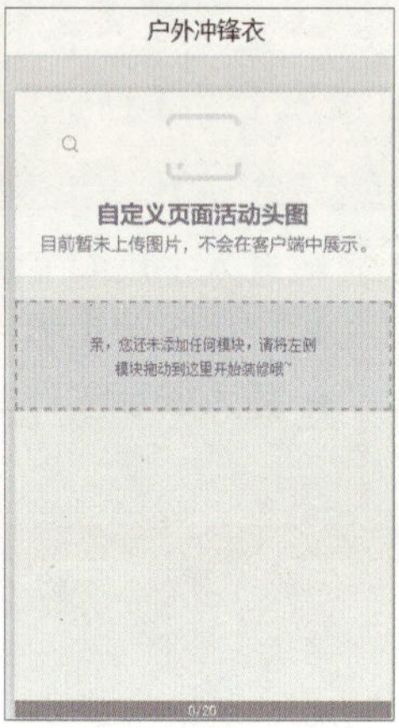

图6-4 自定义页面

6.2 应用活动头图片

手机淘宝店铺中自定义页面的“活动头”可以显示当前页面的具体内容，在规格要求中按640像素×304像素进行设计，具体的操作步骤如下。

01 在“户外冲锋衣”页面的预览区域单击“活动头”图片，然后在右侧弹出的“模块编辑”编辑区单击“活动头图片”下面的“+”按钮，如图6-5所示。

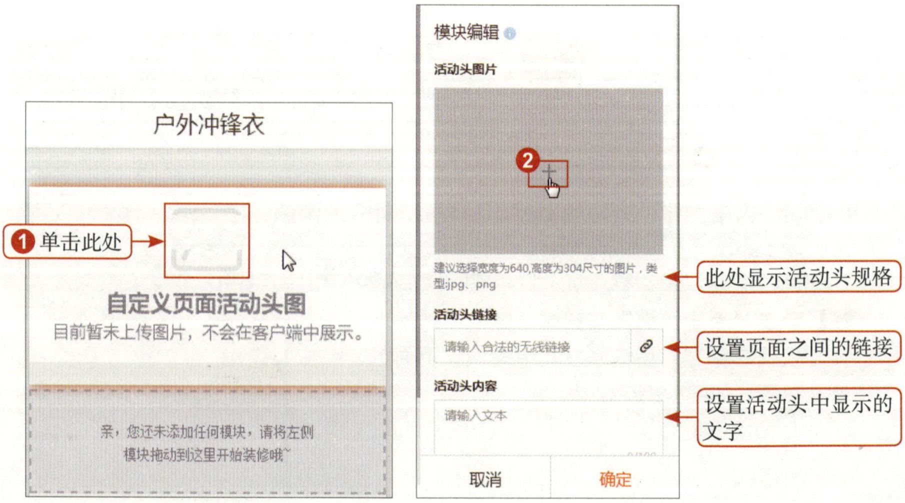

图6-5 “户外冲锋衣”页面

02 单击“+”按钮后，弹出“图片小工具”对话框，在左侧选择“移动端网店”文件夹，在右侧选择“活动头图片”，如图6-6所示。

图6-6 选择活动头图片

03 选择“活动头图片”后，进入裁剪图片区域，由于此图是按照规格大小设计的，直接单击“上传”按钮即可，如图6-7所示。

图6-7 裁剪图片区域

04 单击“上传”按钮后，返回“户外冲锋衣”页面中，在编辑区的“活动头内容”区域输入相应的文字，如图6-8所示。

图6-8 设置活动头内容

05 设置完毕后单击“确定”按钮，即可在预览区看到应用后的活动头图片及活动头内容，如图6-9所示。

06 在“手机淘宝店铺首页”右侧单击“保存”按钮，可以将替换的店招进行保存，然后单击“发布”按钮，即可将设置后的效果发布到手机淘宝中。

图6-9 应用后的活动头

6.3 插入展示宝贝模块

手机淘宝店铺的目的就是为了创造利益并且与电脑端相互照应，想在店铺中产生利益，就得有商品，本节为大家讲解在“自定义页面”中展示商品宝贝的方法。

6.3.1 插入智能单列宝贝模块

在手机淘宝店铺中，“单列宝贝模块”是用来以大图的方式展示宝贝效果，如果在“自定义页面中”不进行插入的话，就不会在页面中显示宝贝，具体的插入方法如下。

01 在“户外冲锋衣”页面中的“装修模块”区，选择“宝贝类”中的“智能单列宝贝”后，将其拖动到“预览区”中，如图6-10所示。

图6-10 拖动智能单列宝贝

02 在右侧弹出的“智能单列宝贝”编辑区选择“基本模式”，在此处可以设置“标题”“链接”及“推荐类型”等，如果选中“手动推荐”单选按钮，可以在“预览区”中最多插入6个宝贝，如图6-11所示。

03 在“户外冲锋衣”页面的右上角单击“保存”按钮，可以将当前的页面进行保存，然后单击“发布”按钮，即可将设置后的效果发布到手机淘宝中。

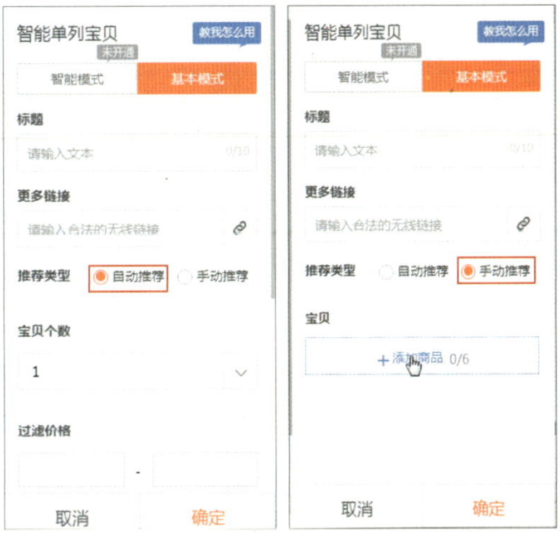

图6-11 智能单列宝贝模块

•温馨提示•

智能单列宝贝模块在手机淘宝店铺的“自定义页面中”只能被拖动到“预览区”一次，也就是说，在该页面中不能同时被使用两次或两次以上。

6.3.2 插入智能双列宝贝模块

智能双列宝贝模块可以并排显示两个宝贝，具体操作如下。

01 在“户外冲锋衣”页面中的“装修模块”区，选择“宝贝类”中的“智能双列”，将其拖动到“预览区”中，如图6-12所示。

图6-12 拖动智能双列宝贝

02 在右侧弹出的“智能双列”编辑区选择“基本模式”，在此处可以设置“标题”“链接”及“推荐类型”，如果选择“手动推荐”单选按钮，最多可以在“预览区”中插入6个宝贝，如图6-13所示。

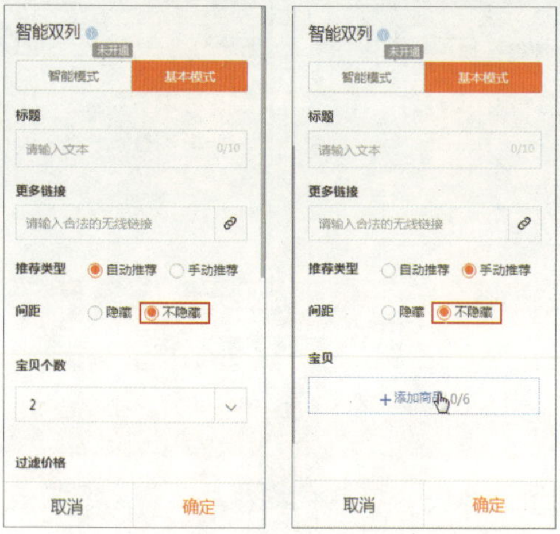

图6-13 插入智能列宝贝模块

03 设置完毕后单击“确定”按钮，在“预览区”可以显示设定的宝贝数量，如图6-14所示。

图6-14 显示宝贝数量

04 在“户外冲锋衣”页面的右侧单击“保存”按钮，然后单击“发布”按钮，即可将设置后的效果发布到手机淘宝中。

6.3.3 插入宝贝排行榜模块

宝贝排行榜是由系统自动抓取排名前三的宝贝，当任意一个榜单不足3个宝贝时，整个模块将不显示。具体插入操作如下：

01 在“户外冲锋衣”页面中的“装修模块”区，选择“宝贝类”中的“宝贝排行榜”模块，将其拖动到“预览区”中，此时会出现一个3张图片的排行榜，如图6-15所示。

图6-15 拖动宝贝排行榜

02 设置完毕后单击“确定”按钮，在“户外冲锋衣”页面右侧单击“保存”，单击“发布”按钮，即可将设置后的效果发布到手机淘宝中。

6.4 插入图文类模块

自定义页面中也不是只用来显示商品宝贝的，还可以将之前设计并制作的装修模块进行插入，这样更加具有吸引买家目光的目的。本节就为大家讲解在“自定义页面”中插入图文类模块的方法。

6.4.1 插入辅助线模块

在手机淘宝店铺中的辅助线模块主要起到隔断的作用，只要在“户外冲锋衣”页面中的“装修模块”区，选择“图文类”中的“辅助线模块”，将其拖动到“预览区”中，即可完成插入，如图6-16所示。

图6-16 插入辅助线

6.4.2 插入单列图片模块

“自定义页面”中的单列图片模块，在规格要求中按608像素×（200~960）像素进行设计，主要作用是用来吸引买家目光以增加店铺流量，具体的插入步骤如下。

01 在“户外冲锋衣”页面的“装修模块”区，选择“图文类”中的“单列图片模块”，将其拖动到“预览区”中，如图6-17所示。

图6-17 拖动单列图片模块

02 在右侧弹出的“单列图片模块”编辑区中单击“图片”下面的“+”按钮，如图6-18所示。

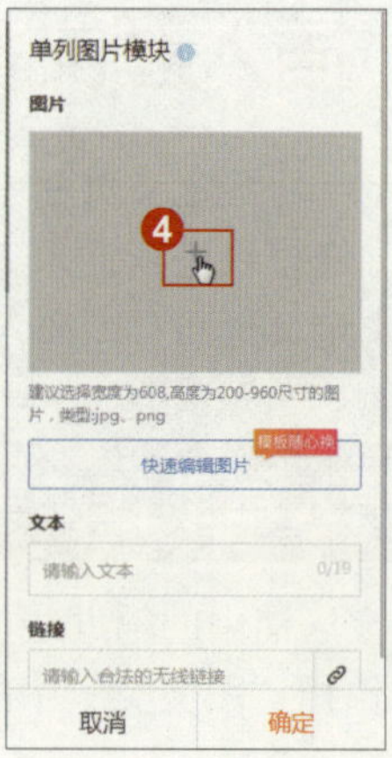

图6-18 单列图片模块

03 弹出“图片小工具”对话框，在左侧选择“移动端网店”文件夹，在右侧选择“单列图像设计与制作”，如图6-19所示。

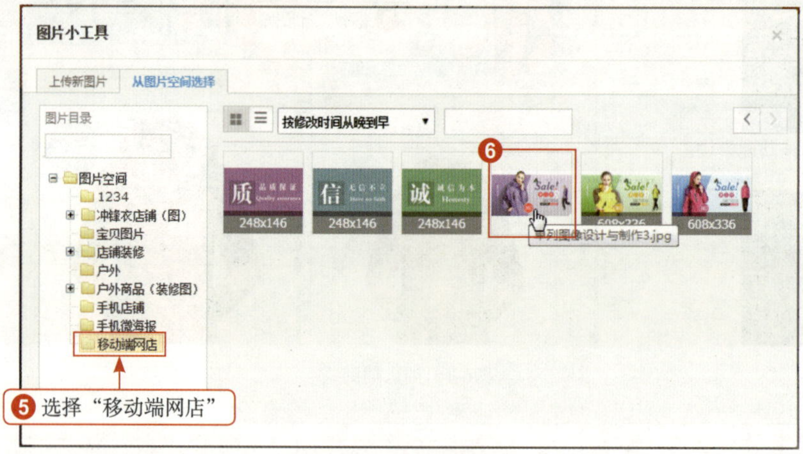

图6-19 选择单列图片

04 进入裁剪图片区域，由于此图是按照符合规格大小设计的，选择全图，直接单击“上传”按钮即可，如图6-20所示。

图6-20 裁剪图片区域

05 单击“上传”按钮后，“单列图像设计与制作”会显示在“单列图片模块”的图片区，然后单击“确定”按钮，即可在预览区看到插入的“单列图像设计与制作”，如图6-21所示。

06 在“户外冲锋衣”页面右侧单击“保存”按钮，可以将操作进行保存，单击“发布”按钮即可将设置后的效果发布到手机淘宝中。

图6-21 插入“单列图像设计与制作”图片

6.4.3 插入双列图片模块

在“自定义页面”中的双列图片模块，在规格要求中按296像素×160像素进行设计，主要作用是细化店铺的商品，具体插入步骤如下：

01 在“户外冲锋衣”页面中的“装修模块”区，选择“图文类”中的“双列图片模块”后，将其拖动到“预览区”中，如图6-22所示。

图6-22 拖动双列图片模块

02 在右侧弹出的“双列图片模块”编辑区中单击“第一张图片”下面的“+”按钮，如图6-23所示。

03 弹出“图片小工具”对话框，在左侧选择“移动端网店”文件夹，在右侧选择“双列图像设计与制作3”图片，如图6-24所示。

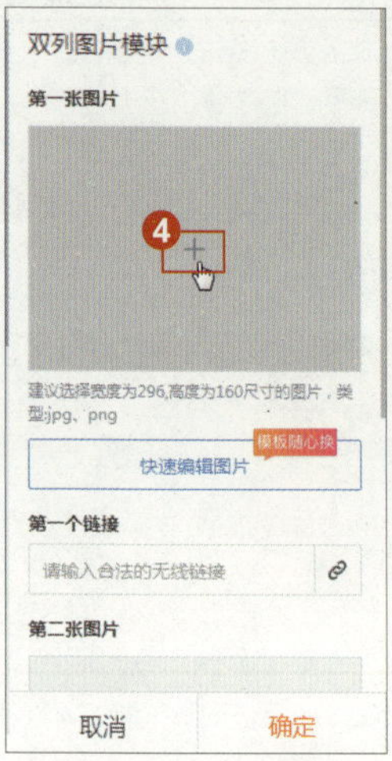

图6-23 双列图片模块

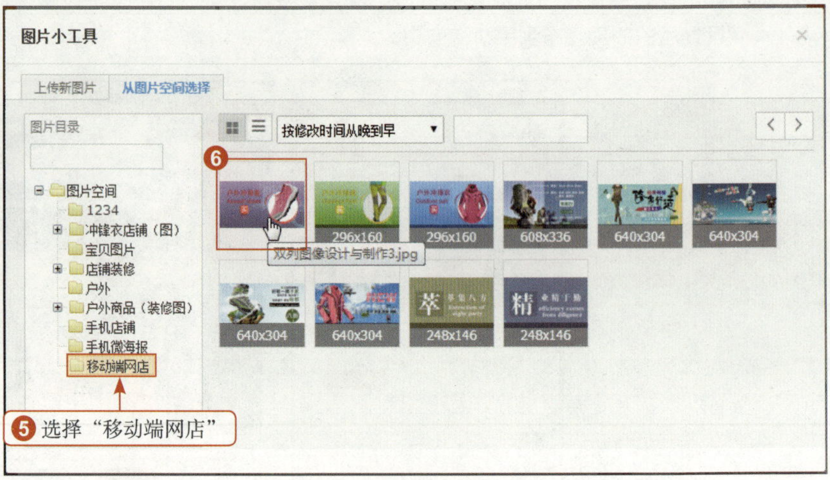

图6-24 选择双列图片

04 选择双列图片后，进入裁剪图片区域，由于此图是按照规格大小设计的，直接单击“上传”按钮即可，如图6-25所示。

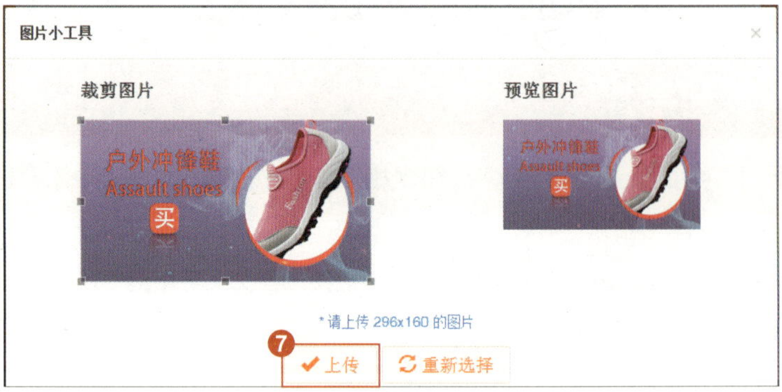

图6-25 裁剪图片区域

05 单击“上传”按钮后，双列图片会显示在“双列图片模块”的图片区，单击“第二张图片”下面的“+”按钮，选择另一张双列图片，具体上传方法与第一张一致，如图6-26所示。

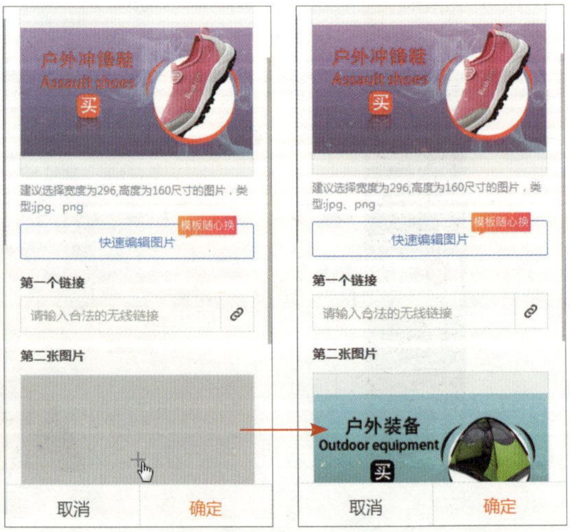

图6-26 插入第二张图片

06 设置完毕后单击“确定”按钮，此时会将“双列图片”显示在“预览区”中，效果如图6-27所示。

07 在“户外冲锋衣”页面右侧单击“保存”按钮，可以将操作进行保存，然后单击“发布”按钮，即可将设置后的效果发布到手机淘宝中。

图6-27 插入双列图片

6.4.4 插入轮播图模块

在“自定义页面”中的轮播图模块，在规格要求中按640像素×320像素进行设计，主要作用是通过图片轮播的方式进一步吸引买家的目光，具体插入步骤如下：

01 在“户外冲锋衣”页面中的“装修模块”区，选择“图文类”中的“轮播图模块”，将其拖动到“预览区”中，如图6-28所示。

02 在右侧弹出的“轮播图模块”编辑区中单击“轮播图”图片下面的“+”按钮，如图6-29所示。

图6-28 拖动轮播图模块

图6-29 轮播图模块

03 弹出“图片小工具”对话框，在左侧选择“移动端网店”文件夹，在右侧选择“焦点图02”图片，如图6-30所示。

图6-30 选择焦点图图片

04 单击“焦点图”后，进入裁剪图片区域，由于此图是按照规格大小设计的，直接单击“上传”按钮即可，如图6-31所示。

图6-31 裁剪图片区域

05 单击“上传”按钮后，轮播图会显示在“轮播图模块”的图片区，单击“添加”按钮，得到一个新的轮播图“图片”区域，如图6-32所示。

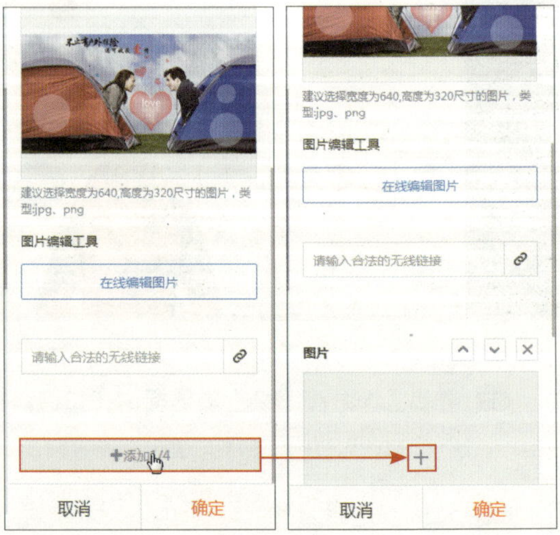

图6-32 插入图片

06 单击新建的轮播图“图片”下面的“+”按钮，弹出“图片小工具”对话框，在左侧选择“移动端网店”文件夹，在右侧选择轮播图图片，将其进行上传，“上传”完毕后单击“确定”按钮，效果如图6-33所示。

07 在“户外冲锋衣”页面右侧单击“保存”按钮，可以将操作进行保存，然后单击“发布”按钮，即可将设置后的效果发布到手机淘宝中。

图6-33 插入图片

6.4.5 插入左文右图模块

在“自定义页面”中的左文右图模块，在规格要求中按608像素×160像素进行设计，主要作用是对详细商品的广告宣传，具体插入步骤如下：

01 在“户外冲锋衣”页面中的“装修模块”区，选择“图文类”中的“左文右图模块”，将其拖动到“预览区”中，如图6-34所示。

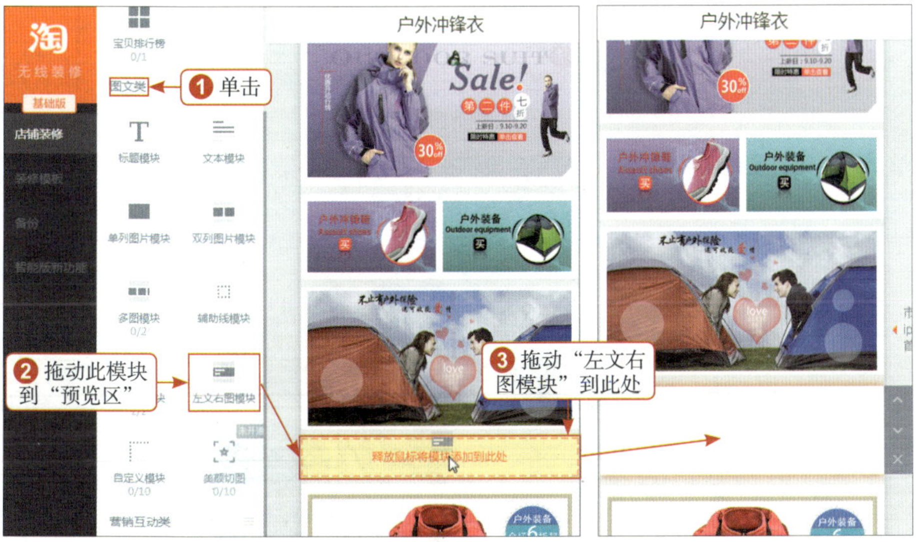

图6-34 拖动左文右图模块

02 在右侧弹出的“左文右图模块”编辑区中单击“图片”下面的“+”按钮，如图6-35所示。

03 弹出“图片小工具”对话框，在左侧选择“移动端网店”文件夹，在右侧选择左文右图图片，如图6-36所示。

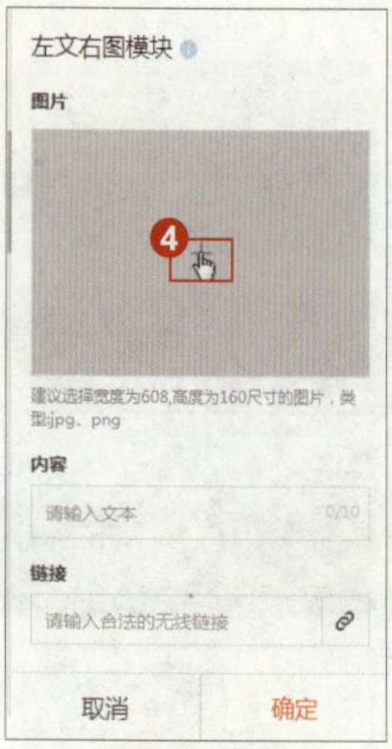

图6-35 左文右图模块　　图6-36 选择左文右图图片

04 选择左文右图图片后，进入裁剪图片区域，由于此图是按照规格大小设计的，直接单击“上传”按钮即可，如图6-37所示。

图6-37 裁剪图片区域

05 单击“上传”按钮后，左文右图图片会显示在“图片”区，设置完毕后单击“确定”按钮，此时会将左文右图图片显示在“预览区”中，如图6-38所示。

图6-38 预览图片

06 在“户外冲锋衣”页面右侧单击“保存”按钮，可以将操作进行保存，然后单击“发布”按钮，即可将设置后的效果发布到手机淘宝中。

6.4.6 插入自定义模块

在“自定义页面”中的自定义模块，可以通过在模块中拖动矩形方框的方法载入图片，将拖动的方框拼合成一个对象，每个方框中的图像都可以单独创建链接，具体的插入步骤如下。

01 在“户外冲锋衣”页面中的“装修模块”区，选择“图文类”中的“自定义模块”，将其拖动到“预览区”中，如图6-39所示。

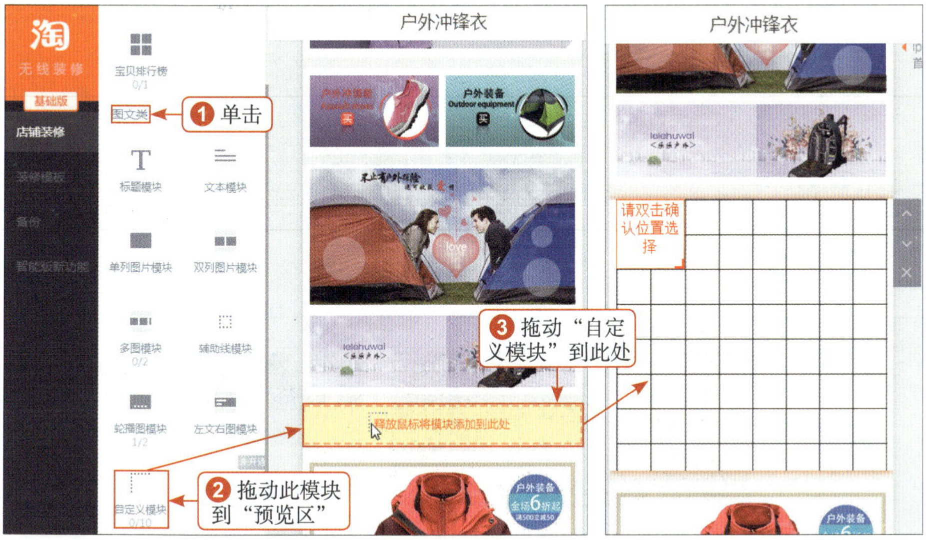

图6-39 拖动自定义模块

02 移动红色方框，将其放置到该模块底部并调整矩形框，双击红色矩形框，单击右侧“模块编辑”下面的“+”按钮，如图6-40所示。

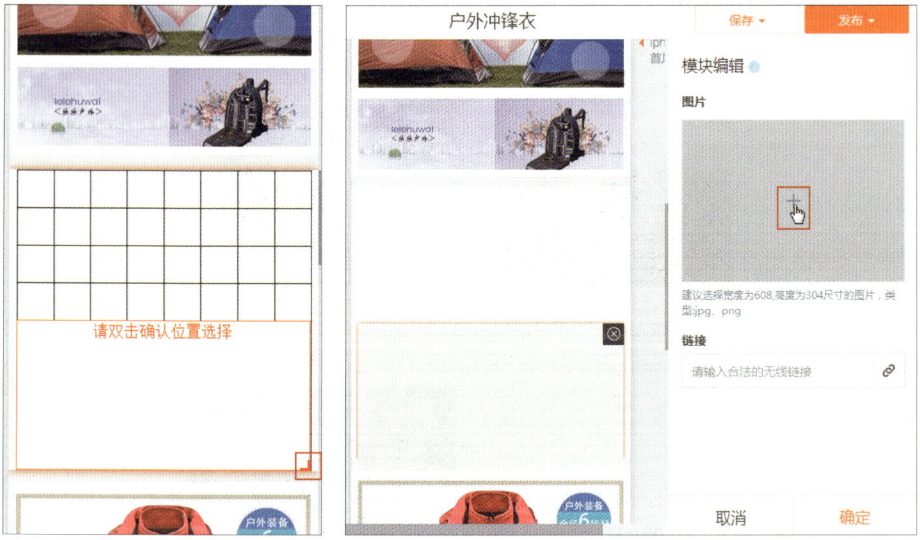

图6-40 调整矩形框

03 双击红色矩形框后，弹出“图片小工具”对话框，选择一张大一点的图片，如图6-41所示。

图6-41 选择图片

04 选择图片后，进入裁剪图片区域，调整裁剪框后，直接单击“上传”按钮，如图6-42所示。

图6-42 裁剪图片区域

05 单击“上传”按钮后，“裁剪框”中的内容显示在图片区，单击“确定”按钮，此时会将图片显示在“预览区”中，然后在上面区域再绘制一个红色矩形框，如图6-43所示。

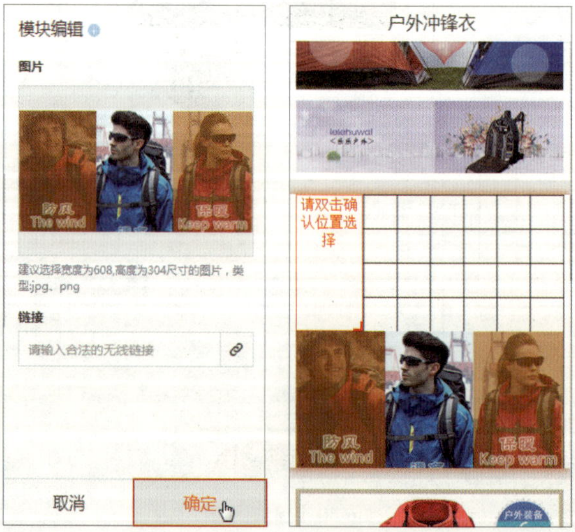

图6-43 插入图片并绘制矩形

06 双击红色矩形框后，在右侧“模块编辑”下面的“+”上单击，弹出“图片小工具”对话框，选择一张图片，如图6-44所示。

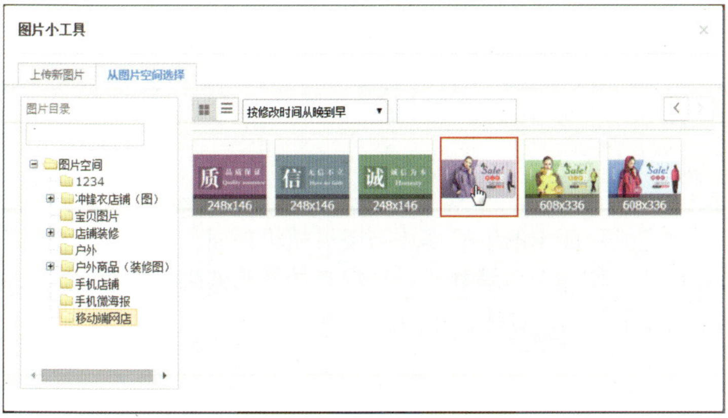

图6-44 选择图片

07 单击选择的图片后，进入裁剪图片区域，调整裁剪框后，直接单击“上传”按钮，如图6-45所示。

图6-45 裁剪图片区域

08 单击“上传”按钮后，“裁剪框”中的内容显示在“图片”区，单击“确定”按钮，此时会将图片显示在“预览区”，在右边区域再绘制一个红色矩形框，如图6-46所示。

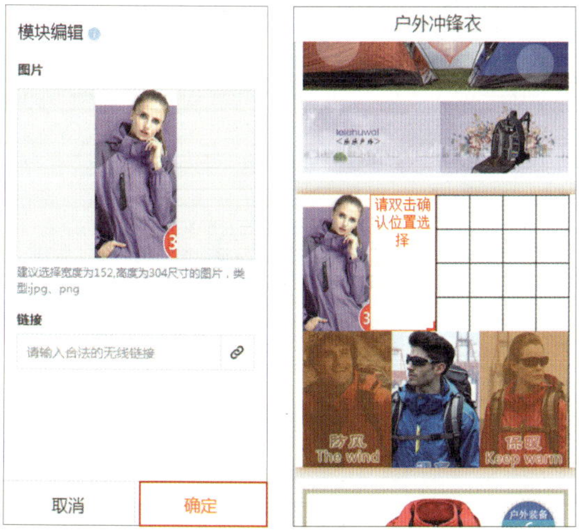

图6-46 上传图片

09 以此类推，绘制红色矩形框，上传图片，效果如图6-47所示。

图6-47 上传图片

10 在“户外冲锋衣”页面右侧单击“保存”按钮，可以将操作进行保存，然后单击“发布”按钮，即可将设置后的效果发布到手机淘宝中。

6.5 编辑链接

自定义页面中的装修模块与宝贝模块都插入完毕后，要对其进行页面之间的链接操作，使整个店铺处于一个完整的导览效果，本节为大家讲解从首页链接到整个自定义页面的方法，具体操作如下。

01 返回到“无线运营中心”页面中，进入“手机淘宝店铺首页”，在“预览区”内单击“单列图片”，在右侧的“单列图片模块”中单击“链接”后面的 （链接）图标，如图6-48所示。

图6-48 单击单列图片

02 单击 （链接）图标后，弹出“链接小工具”对话框，在其中选择“自定义页面链接”选项卡，在下面选择“户外冲锋衣”的选择链接，如图6-49所示。

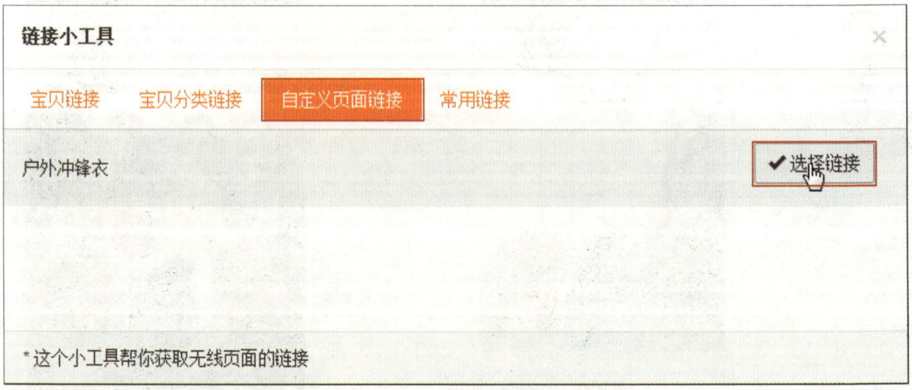

图6-49 链接小工具

03 选择链接后，在“单列图片模块”编辑区会出现链接地址，如图6-50所示。

04 单击“确定”按钮后，在“手机淘宝店铺首页”右侧单击“保存”按钮，可以将操作进行保存，然后单击“发布”按钮，即可将设置后的效果发布到手机淘宝中，使用手机进入淘宝店铺中，如图6-51所示。

图6-50 链接地址

图6-51 进入手机店铺

05 用手指点选创建链接的首屏广告，会自动跳转到链接页面，如图6-52所示。

图6-52 链接页面

•温馨提示•

大家可以根据第5章及本章中的链接知识，进行细致的链接划分，使整个店铺变得活泼起来。

第7章 自定义菜单的制作

本章主要为大家介绍在手机淘宝店铺中出现在首页页面底部的自定义菜单，该菜单可以更加快速地让买家进入店铺相应的位置，只要设置的链接正确，可以准确地进入与之对应的店铺页面。

重点提示

- ★ 设置主菜单并创建链接
- ★ 设置子菜单并创建链接
- ★ 查看添加的自定义菜单
- ★ 创建店铺活动

7.1 设置主菜单并创建链接

手机淘宝店铺首页中的主菜单，主要起到对店铺进行多元化展示的作用，可以通过主菜单快速对店铺进行菜单式的链接命令，主菜单中可以添加子菜单，在店铺中最多可以添加三个主菜单，具体的添加操作步骤如下：

01 登录淘宝网后，进入到“无线运营中心”页面中，在此页面中先选择“自定义页面”，然后单击右侧的“创建模板”按钮，如图7-1所示。

图7-1 创建自定义菜单

•温馨提示•

手机淘宝自定义菜单还可以通过“店铺装修/自定义菜单”来进行创建，如图7-2所示。

图7-2 进入方式

02 单击“创建模板”按钮后，进入“模板名称”设置对话框中，在其中输入“乐乐户外商品”，如图7-3所示。

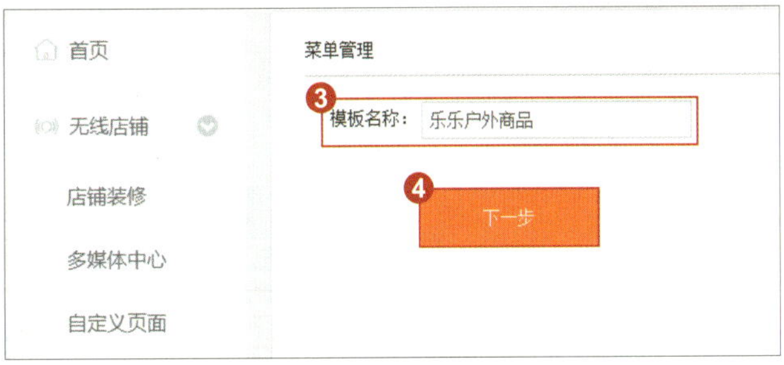

图7-3 设置模板名称

03 单击“下一步”按钮，进入“自定义菜单”设置页面，勾选前两个主菜单并输入名称，在“店铺简介”复选内容中选中“不需要二级子菜单”单选按钮，如图7-4所示。

图7-4 自定义菜单设置

04 单击“店铺简介”下面的“直接添加动作”文字链接，弹出“编辑菜单”对话框在“动作名称”下拉列表中选择“店铺简介”选项，如图7-5所示。

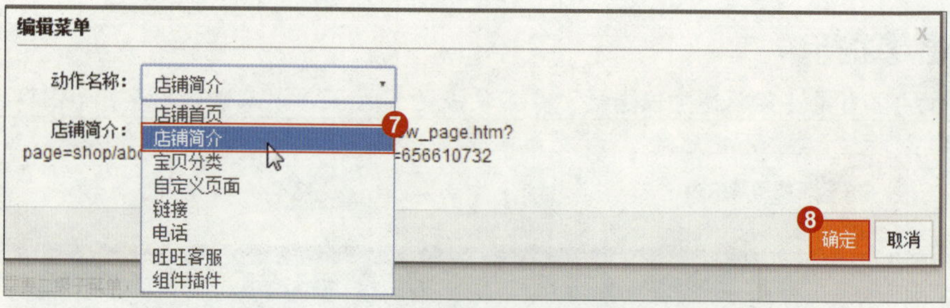

图7-5 选择“店铺简介”选项

05 设置完毕后单击“确定”按钮，此时链接创建成功，再次回到图7-4所示的页面中。

7.2 设置子菜单并创建链接

手机淘宝店铺中“子菜单”可以更加详细地对主菜单进行补充，具体的添加步骤如下。

01 主菜单链接设置完毕后，在“宝贝分类”复选内容下面选中“添加子菜单”单选按钮，并单击“添加子菜单”文字链接，弹出“编辑菜单”对话框，其中的参数设置如图7-6所示。

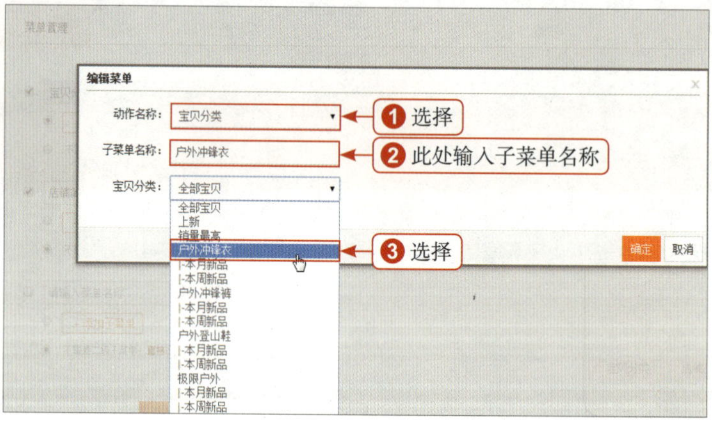

图7-6 编辑菜单

02 设置完毕后点选“确定”按钮，设置的子菜单中会出现“户外冲锋衣”，再单击“户外冲锋衣”子菜单，如图7-7所示。

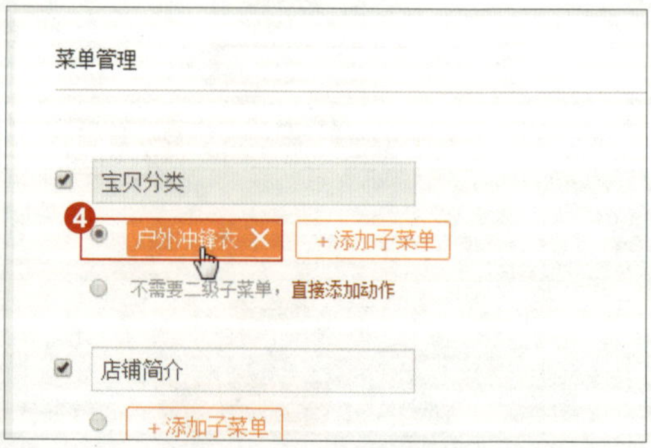

图7-7 编辑子菜单

03 单击“户外冲锋衣”子菜单后，在弹出的“编辑菜单”对话框中设置“宝贝分类”的链接为“户外冲锋衣”，如图7-8所示。

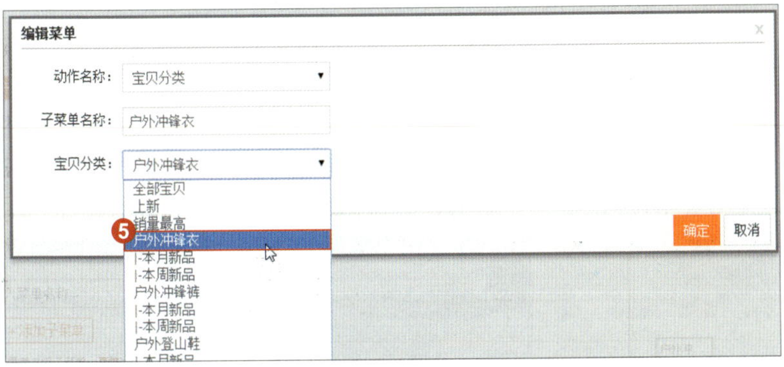

图7-8 设置链接

04 设置完毕后单击“确定”按钮，再依次添加“户外冲锋裤”“户外登山鞋”“户外装备”“极限户外”子菜单，依次为这几个子菜单添加链接，如图7-9所示。

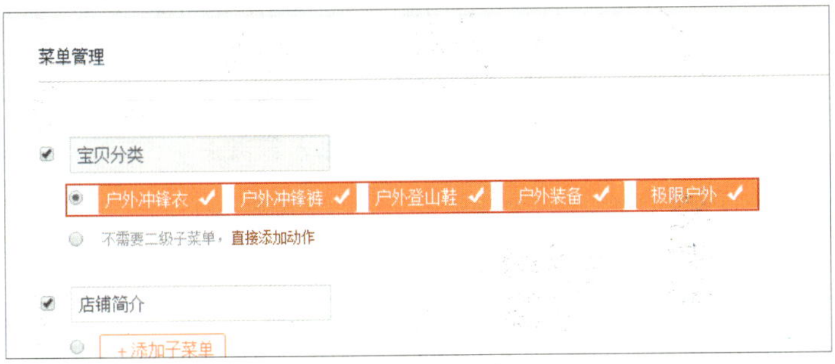

图7-9 添加的子菜单

05 设置完毕后单击“确定发布”按钮，就可以在预览区看到替换后的活动头，如图7-10所示。

图7-10 确定发布

06 单击“确定发布”按钮后，完成自定义菜单的应用，如图7-11所示。

图7-11 自定义菜单

7.3 查看添加的自定义菜单

手机淘宝店铺中的“自定义菜单”只会出现在店铺的首页，在移动端设备或手机中就可以查看效果。进入手机淘宝店铺中，我们就可以直接看到添加的自定义菜单，如图7-12所示。

图7-12 自定义菜单

直接点选自定义菜单内容，就可以实现链接，如图7-13所示。

图7-13 实现链接

7.4 创建店铺活动

在手机淘宝店铺中创建店铺活动的目的就是为店铺增加更好的营销手段，从而加大店铺的流量，提升转换率。

7.4.1 创建天天特价活动

在手机淘宝店铺中“创建互动玩法”主要分为“投票”“天天特价”“分享有礼”等，其创建方式大致相同，这里以“天天特价”作为讲解案例，具体的创建方法如下。

01 进入“无线运营中心”页面中的“我的互动”，选择“天天特价”后，单击“进入”按钮，如图7-14所示。

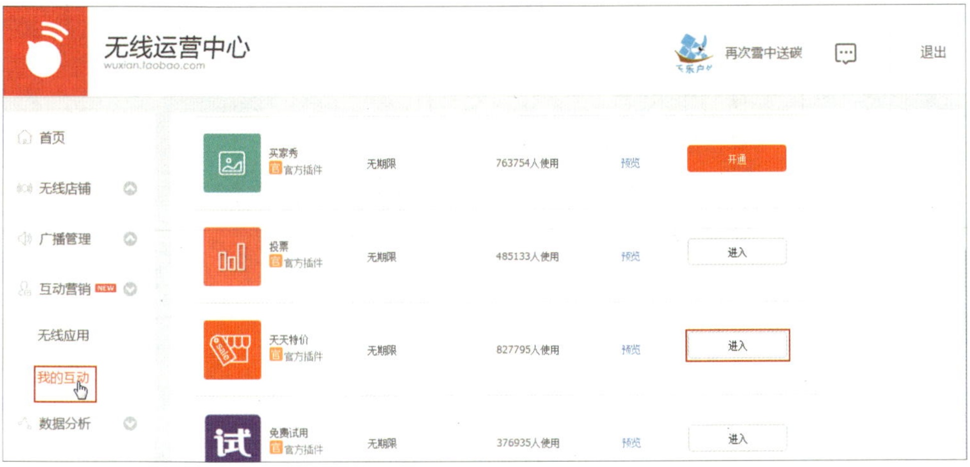

图7-14 无线运营中心

02 在“官方互动营销工具”中，将“天天特价”添加到“我的互动”中，单击“天天特价”的“进入”按钮，进入“天天特价店铺活动”设置中，如图7-15所示。

图7-15 设置活动

03 单击“下一步”按钮，进入“填写活动内容”区域，选择宝贝后，单击“确认并继续填写”按钮，如图7-16所示。

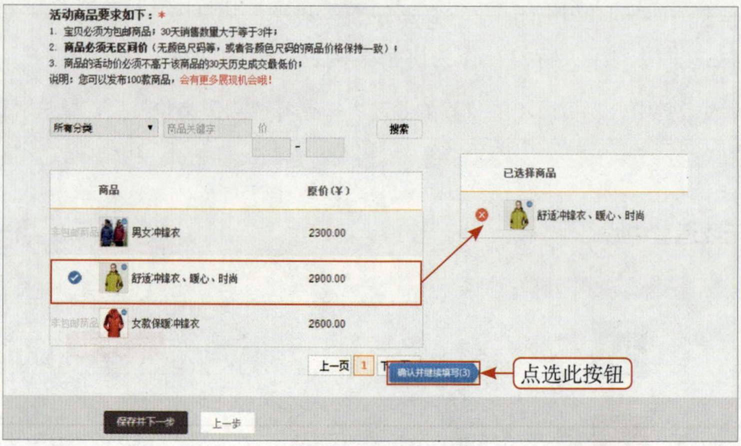

图7-16 选择宝贝

04 进入“活动价位”设置区，如图7-17所示。

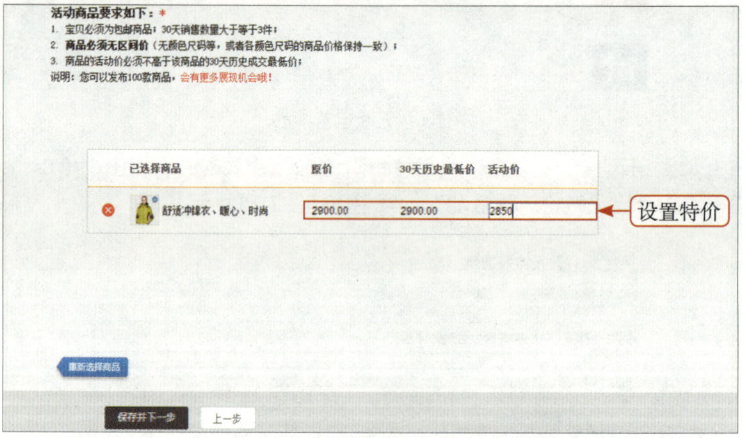

图7-17 设置宝贝价格

05 单击“保存并下一步”按钮，选择发布渠道，如图7-18所示。

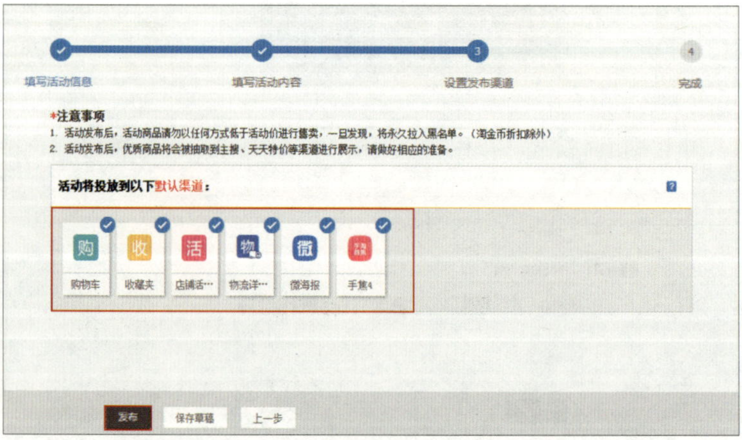

图7-18 设置发布渠道

06 选择完毕后单击“发布”按钮，此时会弹出如图7-19所示的二维码。

图7-19 扫描二维码

07 使用微信扫描二维码，手机会自动进入刚才设置的特价商品区，可以在微信中通过朋友圈或分享到QQ中进行推广，还可以将二维码进行保存，打印后让大家扫描，如图7-20所示。

08 使用手机进入到手机淘宝店铺的店铺活动中，可以看到设置的活动内容，如图7-21所示。

图7-20 二维码推广

图7-21 店铺活动

7.4.2 在手机店铺中添加活动模块

在手机淘宝店铺的首页中添加活动模块可以创建活动，用户可以直接通过点选此活动查看活动内容，具体的创建方法如下。

01 在“手机淘宝店铺首页”中的“装修模块”区，选择“营销互动类”中的“活动中心模块”，将其拖动到“预览区”中，如图7-22所示。

图7-22 拖动活动中心模块

02 将“活动中心模块”拖动到“预览区”后，该区域会出现“活动中心模块”，如图7-23所示。

图7-23 活动中心模块

03 以默认设置作为活动图像，点击“确定”按钮后将其发布，然后在手机中就可以通过点击活动图片查看活动内容了，如图7-24所示。

图7-24 查看活动内容

第8章 微海报制作

本章主要为大家介绍在手机中创建微海报的方法，微海报可以以多页面的海报形式在手机中进行宣传营销和推广。

重点提示
★ 通过模板快速制作微海报
★ 自定义店铺宣传微海报

8.1 通过模板快速制作微海报

通过模板创建的微海报，可以非常方便地将店铺中选择的宝贝添加到模板中，具体可以分为“选择模板”“编辑海报”和“保存发布”三个步骤。

8.1.1 在无线运营中心创建微海报

在“无线运营中心”选择“手机海报”，对提供的模板形式进行编辑，具体操作步骤如下：

01 登录淘宝网后，进入到“无线运营中心”页面中，选择“手机海报”，如图8-1所示。

图8-1 选择手机海报

02 单击“查看更多”按钮，选择一个自己喜欢的模板，如图8-2所示。

图8-2 选择模板

03 选择模板并单击“使用”按钮后，会自动进入模板编辑页面，如图8-3所示。

图8-3 模板编辑

04 单击“预览区”中的图片，在右侧的“编辑区”单击“更换背景图片”按钮，如图8-4所示。

图8-4 选择图片

05 弹出“选择图片”对话框，在其中选择需要的图片，如图8-5所示。

图8-5 选择图片

06 双击图片即可将其作为新背景载入，在“缩略图”下单击“更改”按钮，将缩略图替换一张图片，效果如图8-6所示。

图8-6 编辑图片

07 选择“预览区”的文字，在“编辑区”中重新输入文字，如图8-7所示。

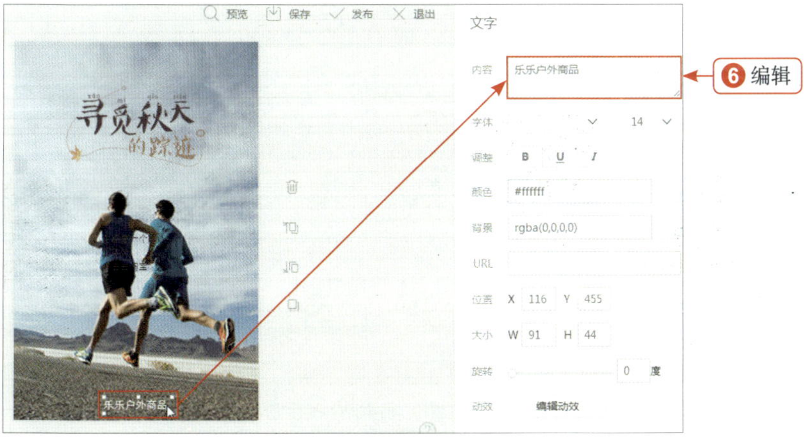

图8-7 编辑文字

08 选择第二页模板，在“预览区”中选择图片和文字，在“编辑区”中重新编辑，如图8-8所示。

图8-8 编辑图片和文字

09 选择其他的页面模板，在“预览区”中选择图片和文字，在“编辑区”中重新编辑，如图8-9所示。

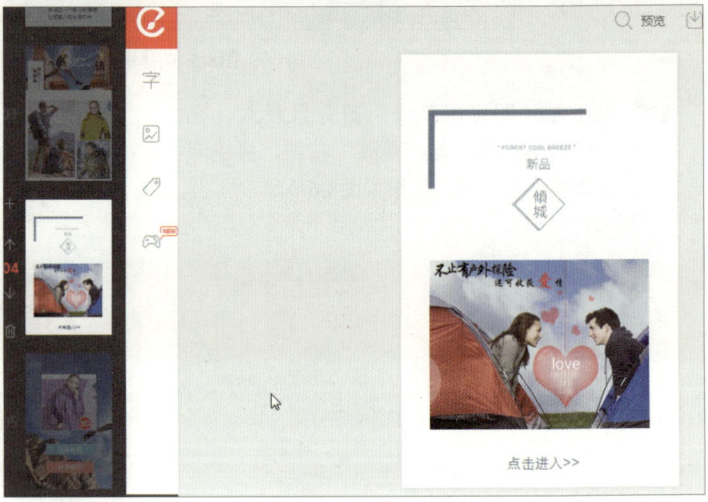

图8-9 编辑其他页面模板

10 设置完毕后单击“保存”按钮，再单击“发布”按钮，如图8-10所示。

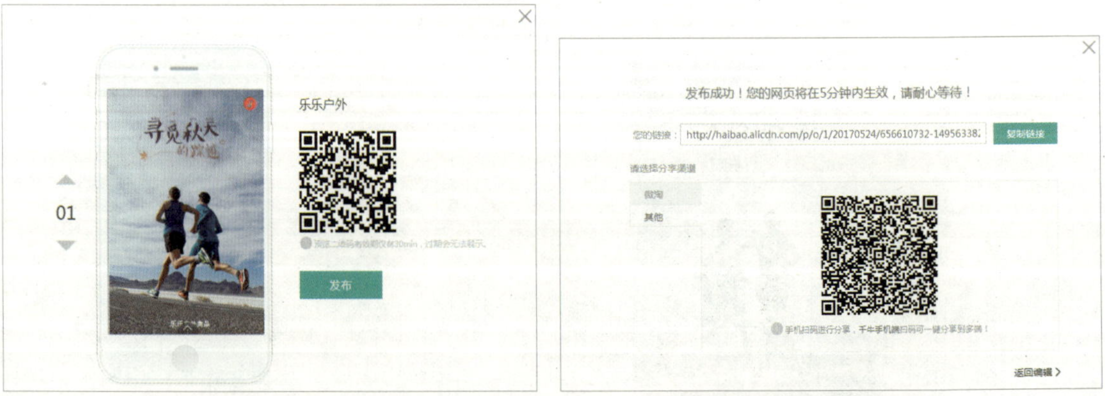

图8-10 发布

11 此时使用微信扫描二维码，即可进入手机海报中，如图8-11所示。

图8-11 海报效果

8.1.2 在淘宝网后台“出售中的宝贝”中创建微海报

在淘宝网后台中选择多个宝贝，可以快速通过模板创建微海报，具体的创建方法如下：

01 登录淘宝网后，在“宝贝管理”中选择“出售中的宝贝”，然后选择右侧的宝贝，单击“创建微海报”按钮，如图8-12所示。

图8-12 创建微海报

02 选择一个自己喜欢的模板，如图8-13所示。

03 单击“下一步”按钮，弹出如图8-14所示的二维码。

图8-13 选择模板

图8-14 二维码

04 使用微信扫描二维码即可看到效果，如图8-15所示。

图8-15 测试效果

05 在图8-14中进入模板选择区，选择一个自己比较喜欢的模板，如图8-16所示。

图8-16 选择模板

06 单击“立即使用”按钮，即可进入微海报的编辑平台，然后在平台底部单击“去设计器编辑海报”按钮，如图8-17所示。

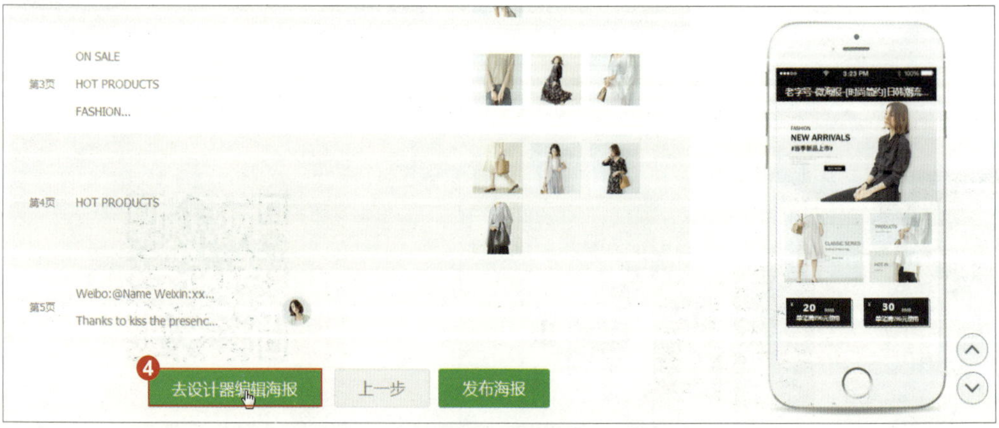

图8-17 编辑图片

07 进入编辑页面，在预览区选择上面的轮播图图片，在右侧的编辑区单击“上传”按钮，如图8-18所示。

图8-18 选择图片

08 弹出“图片空间”对话框，在其中选择一张图片，如图8-19所示。

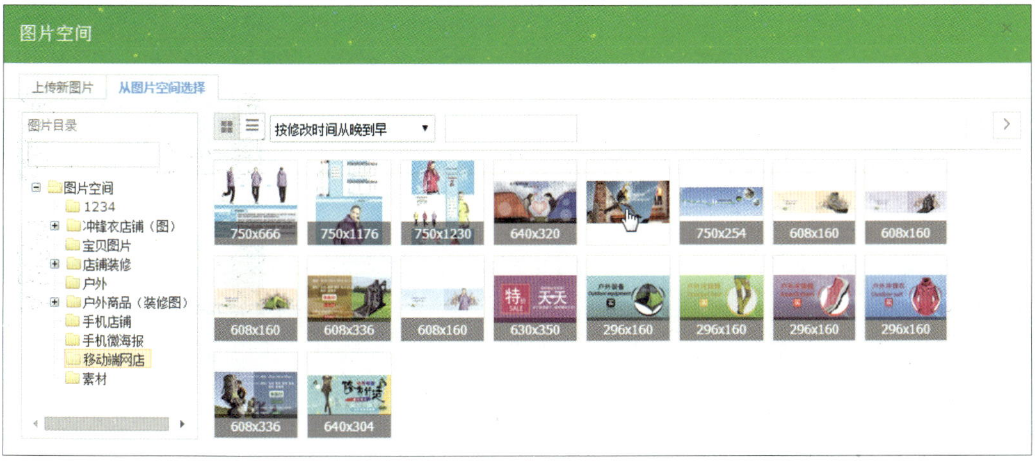

图8-19 选择图片

09 双击选择的图片，将其替换到“微海报”中的轮播图中，如图8-20所示。

图8-20 替换图片

10 为第二张轮播图选择图片，如图8-21所示。

图8-21 选择图片

12 在选择的图片上双击，此时轮播图图片替换完毕，效果如图8-22所示。

图8-22 图片效果

13 在“预览区”选择其他位置的图片，并在“编辑区”将其进行替换，依次把第1页中的所有图片都换成自己的图片，效果如图8-23所示。

图8-23 替换图片

14 在左侧选择另外的页面，在“预览区”选择图片后，在“编辑区”进行替换；选择文本，在“编辑区”重新输入，效果如图8-24所示。

图8-24 替换图片和文本

15 将其他页面中的文字和图片都进行替换，效果如图8-25所示。

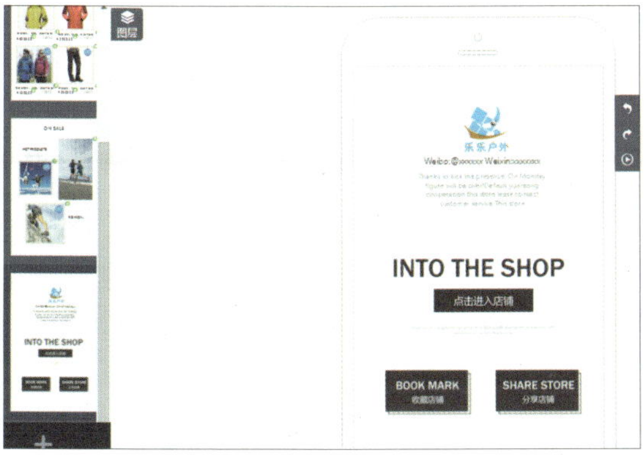

图8-25 替换图片和文本

16 设置完毕后单击“保存”按钮，再单击“发布”按钮，此时会弹出预览效果，如图8-26所示。

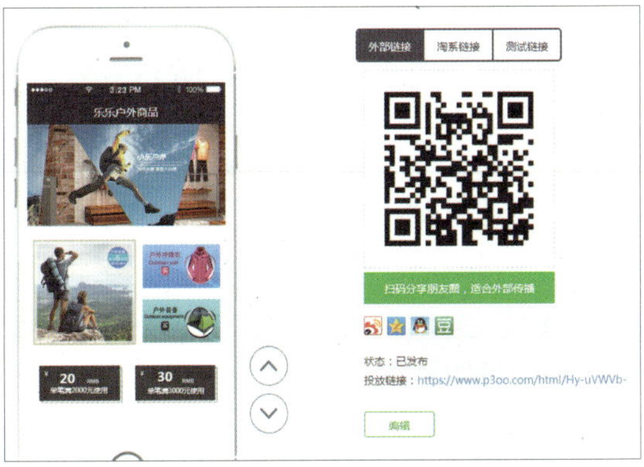

图8-26 预览效果

17 通过微信扫描二维码，就可以在手机中显示微海报效果，如图8-27所示。单击微信右上角就可以在朋友圈中进行传播推广了。

图8-27 手机中效果

•温馨提示•

除了在“设计器平台”进行编辑外，还可以直接在模板中通过换图和替换位置来进行微海报创建，此方法更加简单，如图8-28所示。

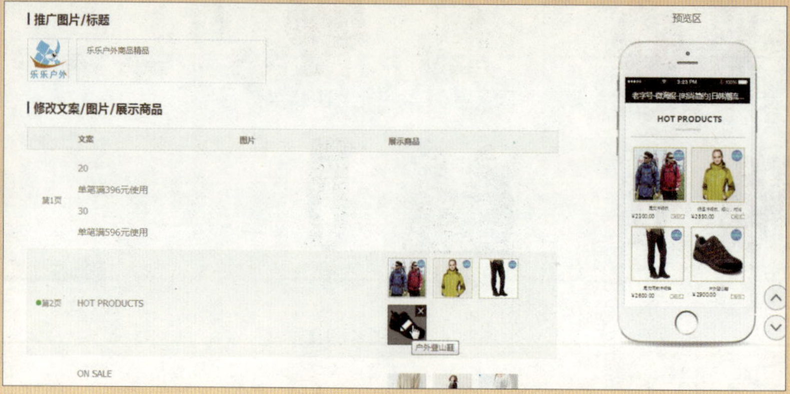

图8-28 在模板中编辑

8.2 自定义店铺宣传微海报

除了使用模板快速制作微海报外，也可以创建空白微海报页面，将自己的创意添加到微海报中，具体的创建步骤如下：

01 先使用Photoshop制作一个模板框，并将每个图像存储成.png格式，为的是不显示图像的背景，如图8-29所示。

图8-29 模板

02 进入淘宝网后台，将存储的.png格式图片上传到“图片空间”中，如图8-30所示。

图8-30 图片空间

03 从“出售中的宝贝”处单击“创建微海报”按钮，进入模板区，选择“创建空白海报”，如图8-31所示。

图8-31 选择空白海报

04 单价“创建空白海报”按钮，进入新的微海报页面，如图8-32所示。

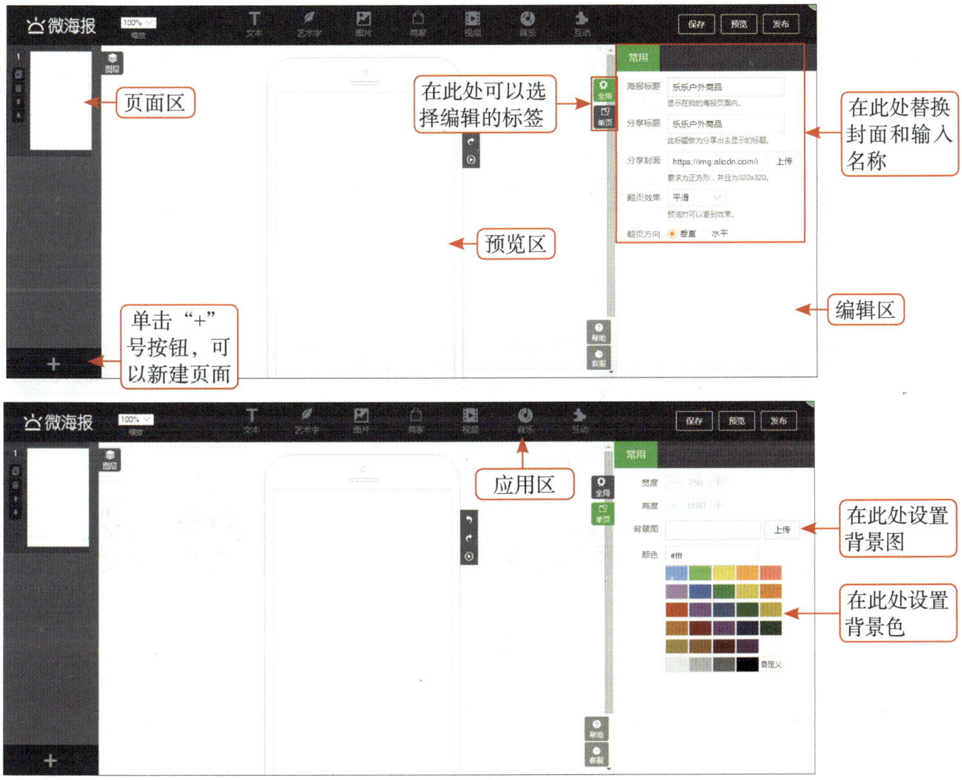

图8-32 空白微海报

05 设置完毕后选择“单页”标签，单击“编辑区”中“背景图”后面的“上传”按钮，在弹出的“图片空间”页面中选择背景图，如图8-33所示。

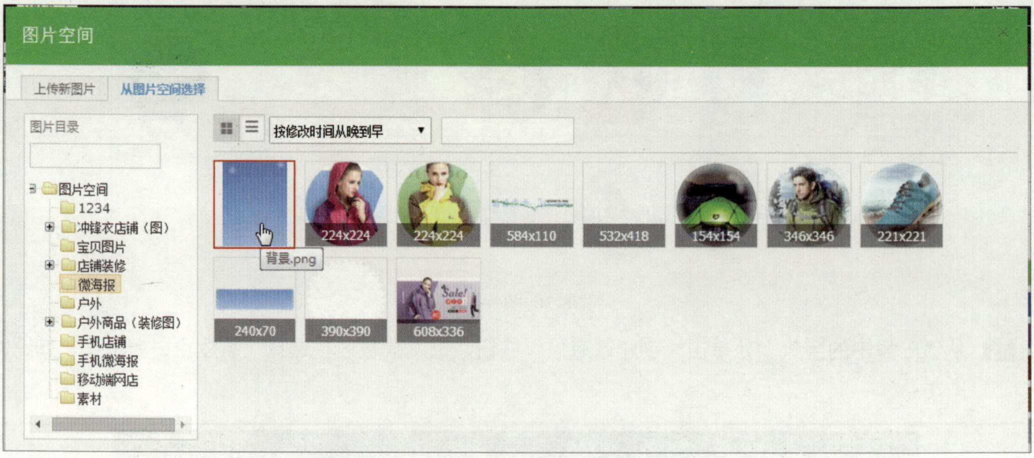

图8-33 选择图片

06 选择图片后单击，会将选择的图片添加到微海报的背景中，如图8-34所示。

图8-34 插入的背景图片

07 在“应用区”中选择图片，如图8-35所示。

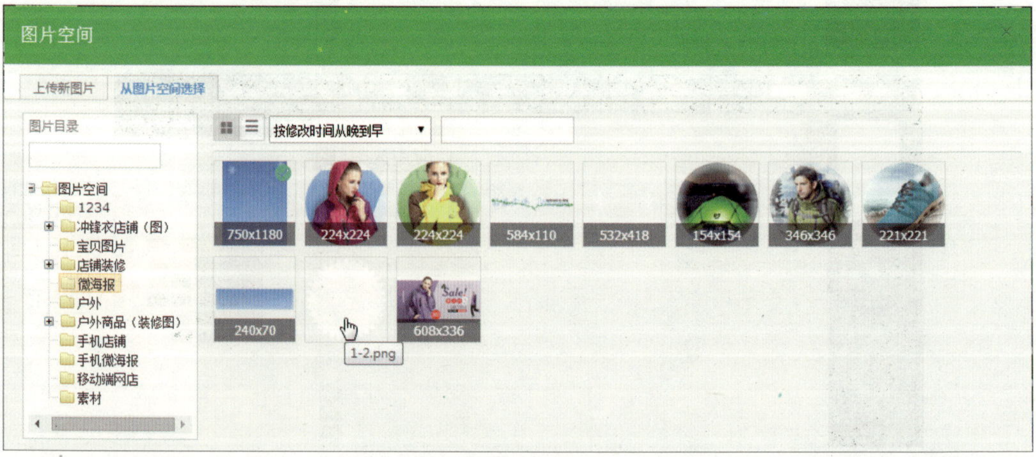

图8-35 选择图片

08 单击图片后可以将其添加到页面中，如图8-36所示。

图8-36 插入的图片

09 使用同样的方法将下面的小图插入，并拖动控制点调整图像大小，如图8-37所示。

图8-37 添加图像

10 单击“应用区”中的“互动”按钮，在弹出的菜单中选择“形状”，如图8-38所示。

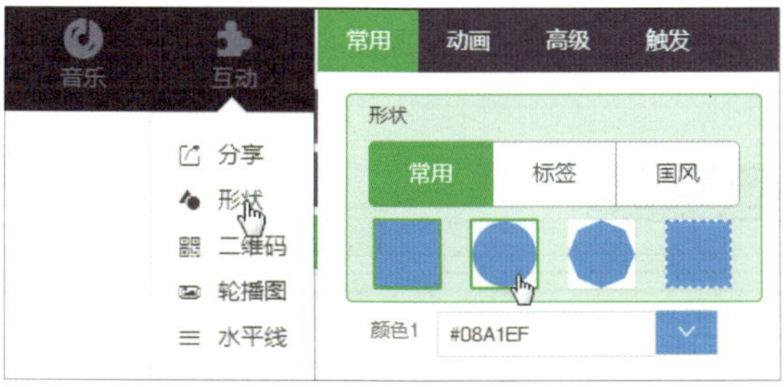

图8-38 选择“形状”

13 在“应用区”单击“商家”按钮，在弹出的菜单中选择“进店”，如图8-41所示。

11 将添加的正圆调整大小和形状，移动到合适位置，如图8-39所示。

图8-39 插入形状

12 再依次插入其他的图像，如图8-40所示。

图8-40 插入图像

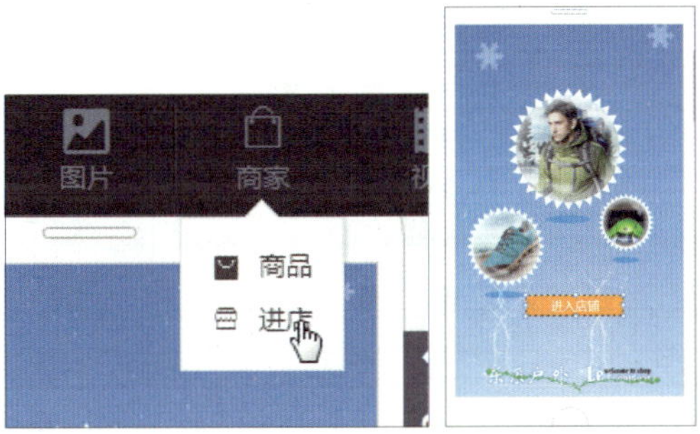

图8-41 添加动画

14 在右侧的“编辑区”中单击“设置”按钮，将本店的链接自动输入，再单击“背景”后面的“上传”按钮，在“图片空间”中选择“背景图”，效果如图8-42所示。

图8-42 上传进入店铺背景

15 下面为页面中的各个元素添加动画，这里以“进入店铺”按钮为例，其他的使用方法是一致的。选择图片，在右侧单击“动画”按钮，在弹出的菜单中选择“进入”标签，然后按如图8-43所示进行选择。

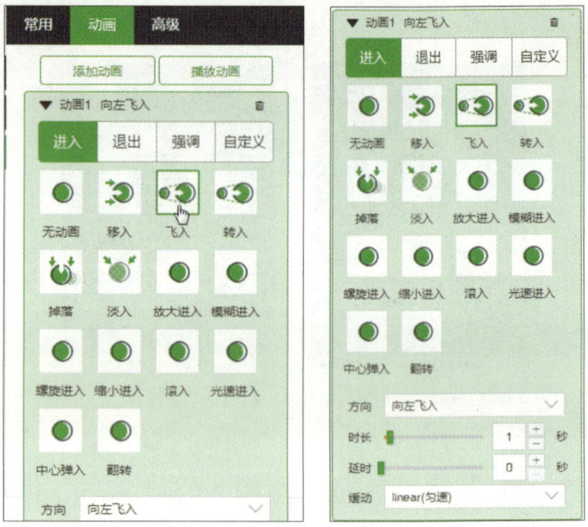

图8-43 添加动画

16 添加第一个动画后，再单击“添加动画”按钮，在弹出的“动画2”中选择“强调”标签，再选择“悬摆”动画，并设置动画的属性，如图8-44所示。

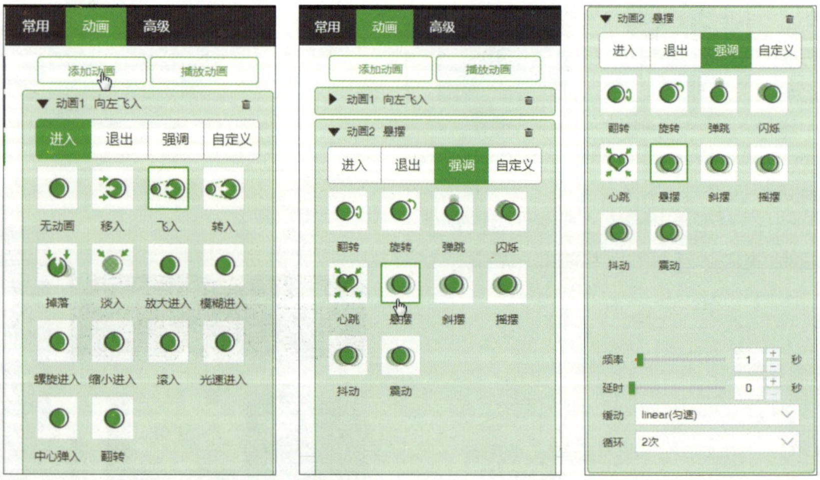

图8-44 添加动画

17 在设计器中的“页面区”单击下面的“+”号按钮，可以自动新建一个空白页面，同样为其应用于第一页相同的背景图，如图8-45所示。

图8-45 新建页面

18 依次为页面添加图片及文字，如图8-46所示。

图8-46 添加页面并编辑

19 再新建一个页面5，将背景应用与之前相同的背景，单击“应用区”的“互动”按钮，在弹出的菜单中选择“分享”，如图8-47所示。

图8-47 选择“分享”

20 复制“点击分享”按钮，在“编辑区”更改文字，效果如图8-48所示。

图8-48 更改文字

21 在“编辑区”单击“触发”标签，选择“触发事件”为“点击”，“触发效果”为“翻页”，“跳转到”选择“第1页”，如图8-49所示。

图8-49 编辑

22 单击“应用区”的“互动”按钮，在弹出的菜单中选择“二维码”，如图8-50所示。

图8-50 添加二维码

23 在“编辑区”中将店铺的地址复制到“链接”处，如图8-51所示。

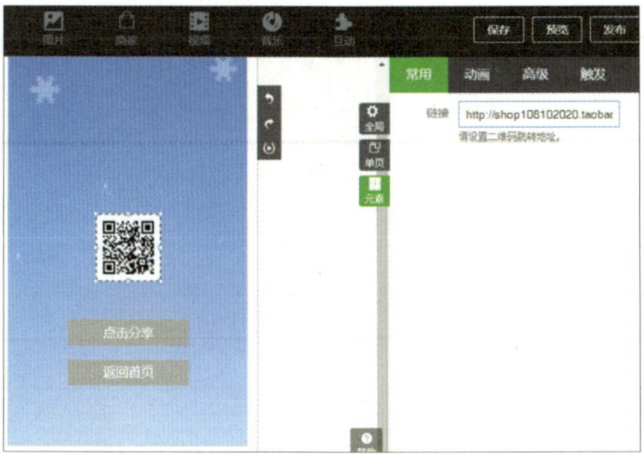

图8-51 复制链接地址

24 插入店铺的店标，效果如图8-52所示。

图8-52 插入店标

25 为页面中的其他组件添加相应动画并设置链接，单击“保存”按钮后，再单击“发布”按钮，为其创建一个新二维码，效果如图8-53所示。

图8-53 发布后效果

26 使用手机直接扫描即可进入“乐乐户外商品”微海报中，预览效果如图8-54所示。

图8-54 手机中显示的效果

•温馨提示•

在制作的微海报中，还可以添加音乐，只要在“应用区”单击“音乐”按钮，在“编辑区”即可为微海报添加音乐，如图8-55所示。

图8-55 添加音乐

第9章 手机公众号与微淘推广

微信在方便大众通信及交友方面做出了前所未有的贡献，但这些功能只能是对微信的一个使用而已，想为自己或企业做知名度、推广商品等，还需通过微信的一些衍生功能，也就是大家常说的微信公众号。相对于个人而言，订阅号就可以完成商品的推广及营销功能。

重点提示

★ 申请微信订阅号
★ 编辑微信订阅号
★ 编辑并发送微淘广播

微淘是手机淘宝推出的一项新功能，可以在其中添加图片、文本及视频来对商品进行宣传，将微淘发送出去后，在手机淘宝中即可看到推广的内容。

9.1 申请微信订阅号

微信订阅账号向任何政府、媒体、企业、组织和个人都是免费开放注册的，其中个人申请的门槛相对较低，具体申请操作如下：

01 在电脑端进入微信公众平台。官方网站地址为https://mp.weixin.qq.com，进入登录平台后，如果没有注册过，须单击“立即注册”文字链接，如图9-1所示。

图9-1 登录页面

02 进入注册的“基本信息”选项卡中，输入注册邮箱的地址和登录微信公众平台的密码，然后单击“注册”按钮，如图9-2所示。

1 基本信息
2 邮箱激活
3 选择类型
4 信息登记
5 公众号信息
每个邮箱仅能申请一种帐号：服务号、订阅号或企业号
已有微信公众帐号？立即登录
邮箱
作为登录帐号，请填写未被微信公众平台注册，未被微信开放平台注册，未被个人微信号绑定的邮箱
密码
字母、数字或者英文符号，最短6位，区分大小写
确认密码
请再次输入密码
验证码
换一张
我同意并遵守《微信公众平台服务协议》
注册

图9-2 填写基本信息

03 微信公众平台会向用户邮箱发送一份激活邮件，单击“登录邮箱”按钮，对账号进行激活，如图9-3所示。

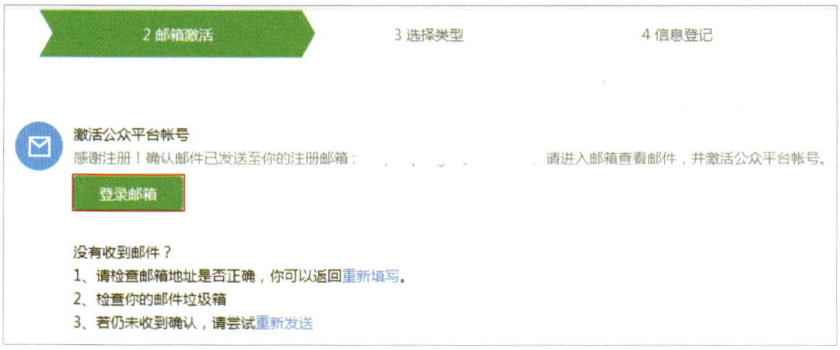
2 邮箱激活
3 选择类型
4 信息登记
激活公众平台帐号
感谢注册！确认邮件已发送至你的注册邮箱：
请进入邮箱查看邮件，并激活公众平台帐号。
登录邮箱
没有收到邮件？
1、请检查邮箱地址是否正确，你可以返回重新填写。
2、检查你的邮件垃圾箱
3、若仍未收到确认，请尝试重新发送

图9-3 单击“登录邮箱”按钮

04 进入用户的邮箱之后，会收到一封微信账号的激活邮件，打开邮件单击链接激活注册账号，如图9-4所示。

微信 | 公众平台
你好！
感谢你注册微信公众平台。
你的登录邮箱为：
请点击以下链接激活帐号：
https://mp.weixin.qq.com/cgi-bin/activateemail?email=Y2FvcGVpcWlhbm
djckAxNjMuY29t&ticket=1_a61ddb884444c292e8e62a8d84b53ef0
如果以上链接无法点击，请将上面的地址复制到你的浏览器(如IE)的地址栏进入微信公众平台。（该链接在48小时内有效，48小时后需要重新注册）
Claire Wang
微信产品经理
claire1023@qq.com

图9-4 激活注册账号

05 链接激活成功后，进入“选择类型”的页面，目前微信公众平台有“订阅号”“服务号”和“企业号”三种账号类型，选择“订阅号”，并单击下面的“选择并继续”按钮，如图9-5所示。

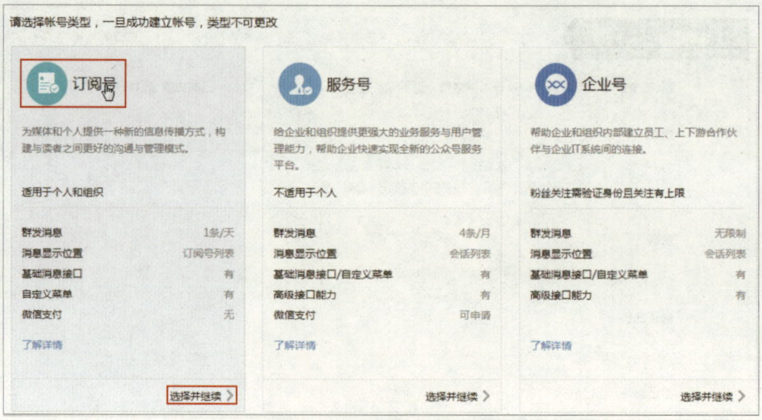
请选择帐号类型，一旦成功建立帐号，类型不可更改
订阅号
为媒体和个人提供一种新的信息传播方式，构建与读者之间更好的沟通与管理模式。
适用于个人和组织
群发消息 1条/天
消息显示位置 订阅号列表
基础消息接口 有
自定义菜单 有
微信支付 无
了解详情
选择并继续
服务号
给企业和组织提供更强大的业务服务与用户管理能力，帮助企业快速实现全新的公众号服务平台。
不适用于个人
群发消息 4条/月
消息显示位置 会话列表
基础消息接口/自定义菜单 有
高级接口能力 有
微信支付 可申请
了解详情
选择并继续
企业号
帮助企业和组织内部建立员工、上下游合作伙伴与企业IT系统间的连接。
粉丝关注需验证身份且关注有上限
群发消息 无限制
消息显示位置 会话列表
基础消息接口/自定义菜单 有
高级接口能力 有
了解详情
选择并继续

图9-5 “选择类型”页面

06 系统弹出提示对话框，再次确认用户是否选择开通订阅号，因为一旦确定公众号的类型将不得进行修改，此处直接单击“确定”按钮，如图9-6所示。

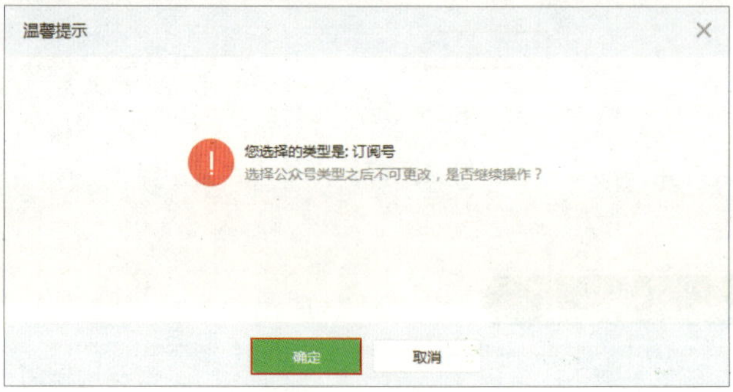
温馨提示
您选择的类型是: 订阅号
选择公众号类型之后不可更改，是否继续操作？
确定
取消

图9-6 提示对话框

07 接下来进入注册的“信息登记”环节，首先需要选择的是主体类型，如果是个人申请，则单击“个人”按钮，然后单击“下一步”按钮，如图9-7所示。

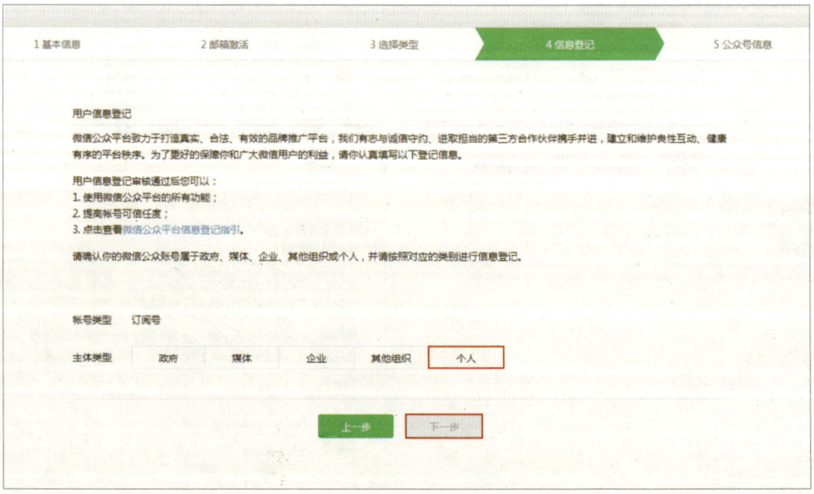
1 基本信息
2 邮箱激活
3 选择类型
4 信息登记
5 公众号信息
用户信息登记
微信公众平台致力于打造真实、合法、有效的品牌推广平台，我们有志与诚信守约、进取担当的第三方合作伙伴携手并进，建立和维护良性互动、健康有序的平台秩序。为了更好的保障你和广大微信用户的利益，请你认真填写以下登记信息。
用户信息登记审核通过后您可以：
1. 使用微信公众平台的所有功能；
2. 提高帐号可信任度；
3. 点击查看微信公众平台信息登记指引。
请确认你的微信公众账号属于政府、媒体、企业、其他组织或个人，并请按照对应的类别进行信息登记。
帐号类型 订阅号
主体类型 政府 媒体 企业 其他组织 个人
上一步
下一步

图9-7 进行信息登记

•温馨提示•

微信公众平台对企业注册号管理的比较严格，在选择企业类型进行注册时，需要提供一系列关于企业的详细信息，包括企业名称、企业邮箱、企业地址、邮编、营业执照注册号、营业执照所在地、公司成立日期、营业期限、经营范围、营业执照副本扫描件、注册资本、组织机构代码等。如果想以企业身份为用户提供订阅号服务，那么就应该有微信公众平台所需要的企业资质。

08 单击“下一步”按钮，对主体信息进行登记，登记完成后单击“继续”按钮，如图9-8所示。

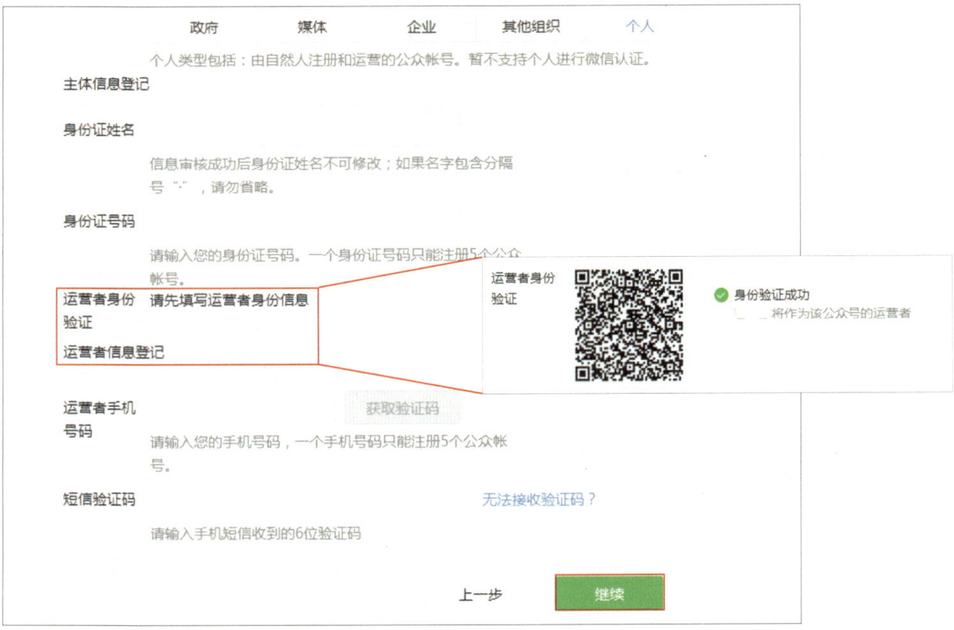
政府
媒体
企业
其他组织
个人
个人类型包括：由自然人注册和运营的公众帐号。暂不支持个人进行微信认证。
主体信息登记
身份证姓名
信息审核成功后身份证姓名不可修改；如果名字包含分隔号“·”，请勿省略。
身份证号码
请输入您的身份证号码。一个身份证号码只能注册5个公众帐号。
运营者身份验证
请先填写运营者身份信息
运营者信息登记
运营者身份验证
身份验证成功
将作为该公众号的运营者
运营者手机号码
获取验证码
请输入您的手机号码，一个手机号码只能注册5个公众帐号。
短信验证码
无法接收验证码？
请输入手机短信收到的6位验证码
上一步
继续

图9-8 主体信息登记

•温馨提示•

输入身份证姓名和身份证号码后，系统会弹出一个用来注册的二维码，此时只要使用手机微信扫描二维码，即可进行注册。扫描完毕后单击“我确认并遵从协议”按钮，此时手机通过注册，如图9-9所示。

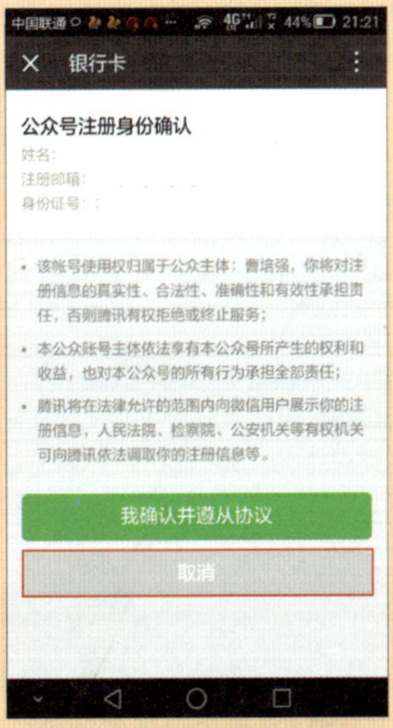
中国联通
44%
21:21
银行卡
公众号注册身份确认
姓名：
注册邮箱：
身份证号：
该帐号使用权归属于公众主体：曹培强，你将对注册信息的真实性、合法性、准确性和有效性承担责任，否则腾讯有权拒绝或终止服务；
本公众账号主体依法享有本公众号所产生的权利和收益，也对本公众号的所有行为承担全部责任；
腾讯将在法律允许的范围内向微信用户展示你的注册信息，人民法院、检察院、公安机关等有权机关可向腾讯依法调取你的注册信息等。
我确认并遵从协议
取消

图9-9 手机扫描进行身份确认

09 单击“继续”按钮后，系统会再次提醒用户“主体信息提交后不可修改”，确定无误，单击“确定”按钮，如图9-10所示。

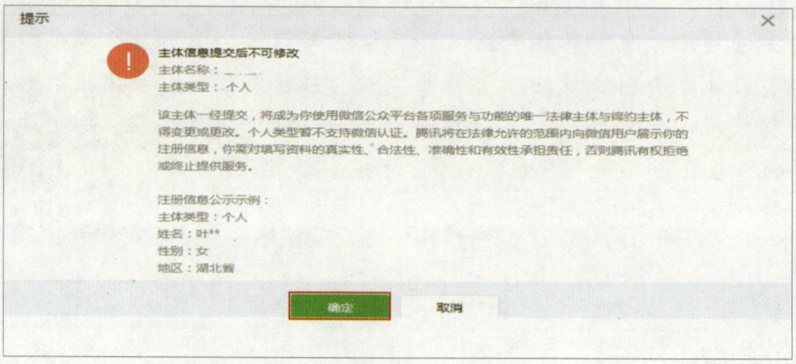

图9-10 主体信息确认提示

10 进入“公众号信息”登记环节，包括账号名称、功能介绍、运营地区，其中账号名称一经确定就无法修改了，所以订阅号的名称一定要按照自己运营的产品特色事先设计好，单击“完成”按钮，完成订阅号的申请，如图9-11所示。

图9-11 公众信息内容

11 微信订阅账号申请好后，系统弹出“注册成功”对话框，如图9-12所示，

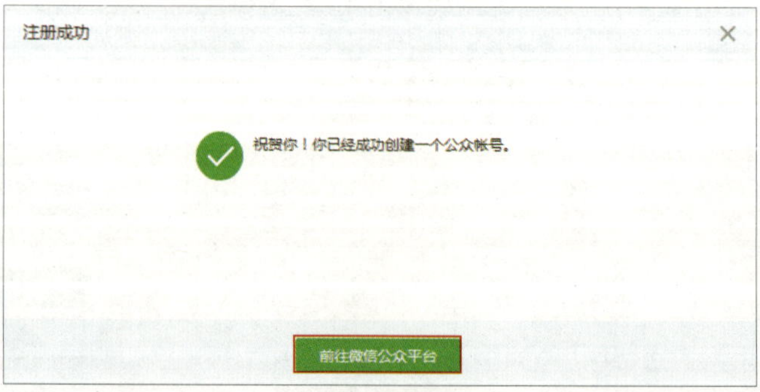

图9-12 注册成功

12 单击“前往微信公众平台”按钮，此时订阅号已经申请注册成功，系统会直接进入微信订阅号的欢迎页面，如图9-13所示。

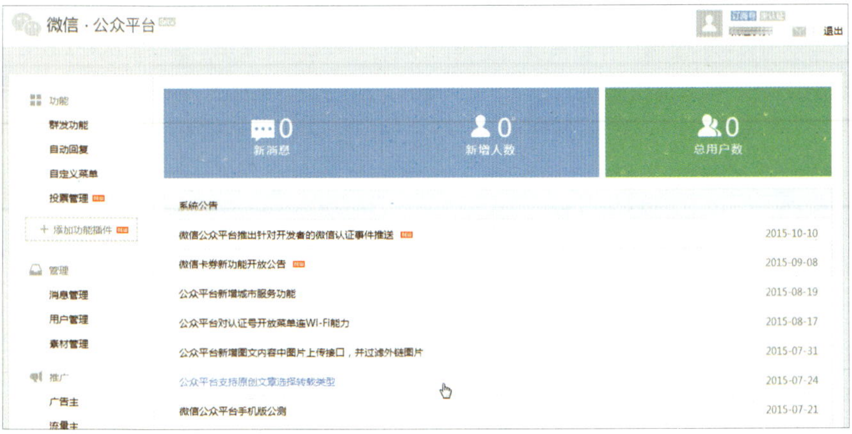

图9-13 订阅号欢迎页面

9.2 编辑微信订阅号

微信订阅号允许运营者每日向用户发送一条群发消息，这则消息可以是直接的内容消息，也可以是图文相混合的消息。一般订阅号都会采取图文混合的消息形式进行发送，其中有标题、配图，展现在用户面前比较直观，也比较有美感。图文消息又被分为单图文消息和多图文消息，这个视发送的内容而定。

9.2.1 编辑图文消息

在针对商品进行多人群发设置时，首先要对发送的“图文消息”进行编辑，具体操作如下：

01 进入微信公众号平台后，在“功能区”单击“群发功能”按钮，进入群发页面，可以选择“群发对象”，如一两个分组或全部用户。在“群发对象”下面是编辑文本框，其中包括图文消息、文本、图片、语音和视频，如果要发送图文消息，则单击“图文消息”按钮，进入图文消息的编辑区，单击“新建图文消息”按钮，如图9-14所示。

图9-14 订阅号群发功能页面

02 系统跳转到“素材管理”页面，对图文内容进行编辑，可以对每个图文内容的标题、作者、封面、正文内容进行编辑。如果两则图文内容不够，可以进行添加，最多再添加6则图文消息，总数不能超过8则，整体编辑完成之后，单击“保存”按钮，将编辑的内容进行保存。单击“预览”按钮可以将图文信息发送给指定的微信账号进行手机端的预览，如图9-15所示。

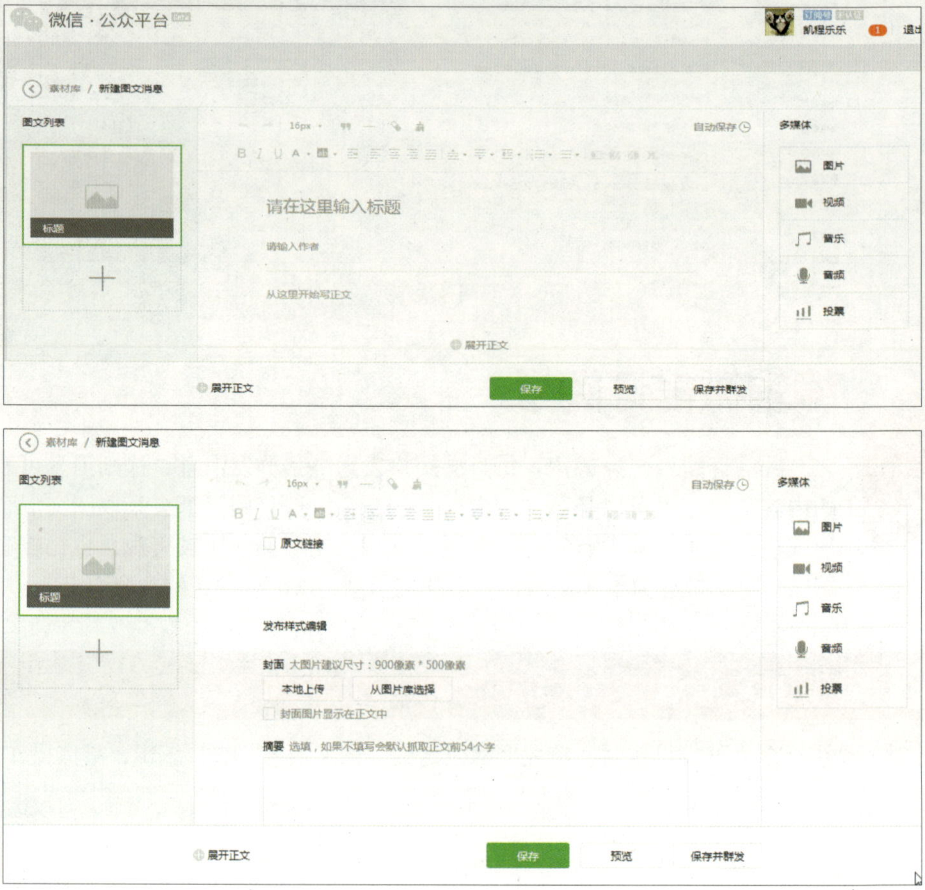

图9-15 订阅号图文消息编辑页面

03 在“标题”区输入“乐乐户外”，“作者”为cpq，单击右侧“多媒体”下面的“图片”按钮，在弹出的“选择图片”对话框中选择图片，如图9-16所示。

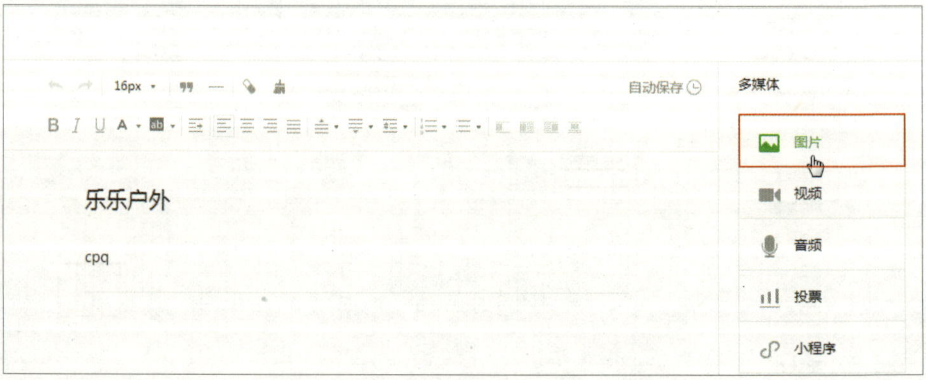

图9-16 选择图片

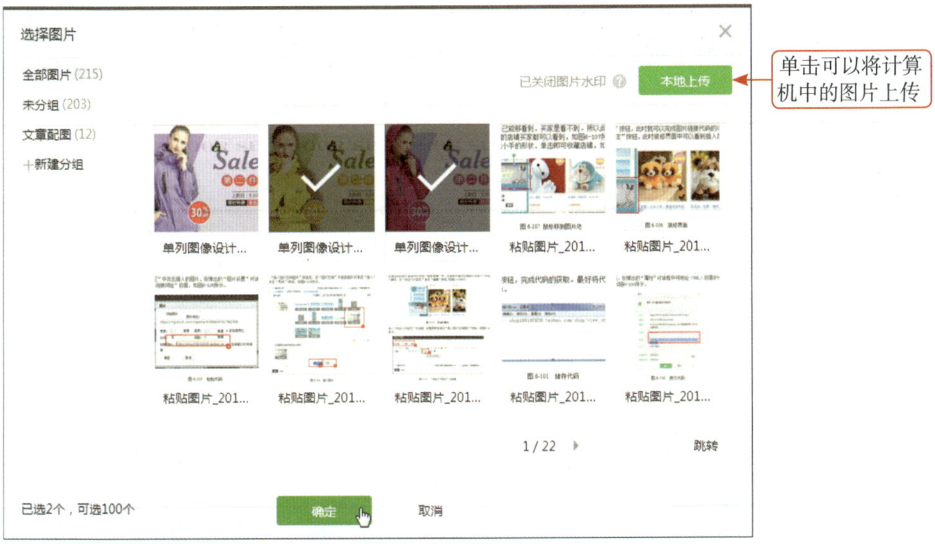

图9-16 选择图片（续）

04 选择图片后单击“确定”按钮，此时会将图片放置到“正文区”，如图9-17所示。

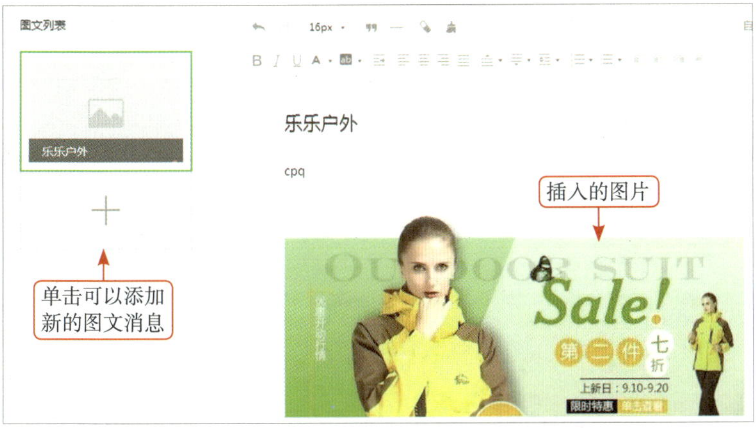

图9-17 插入图片

05 图片插入完毕后，可以在“正文区”编辑关于图片的文案，再为其插入一些与此设计相关的图片，以及让大家转发的图片，如图9-18所示。

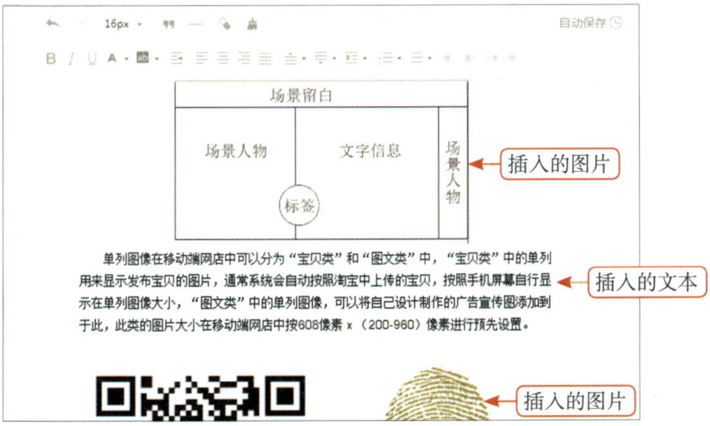

图9-18 编辑文案以及图片

06 向下移动，在“发布样式编辑”下面单击“从图片库选择”按钮，在此选择一张适合的封面图片，如图9-19所示。

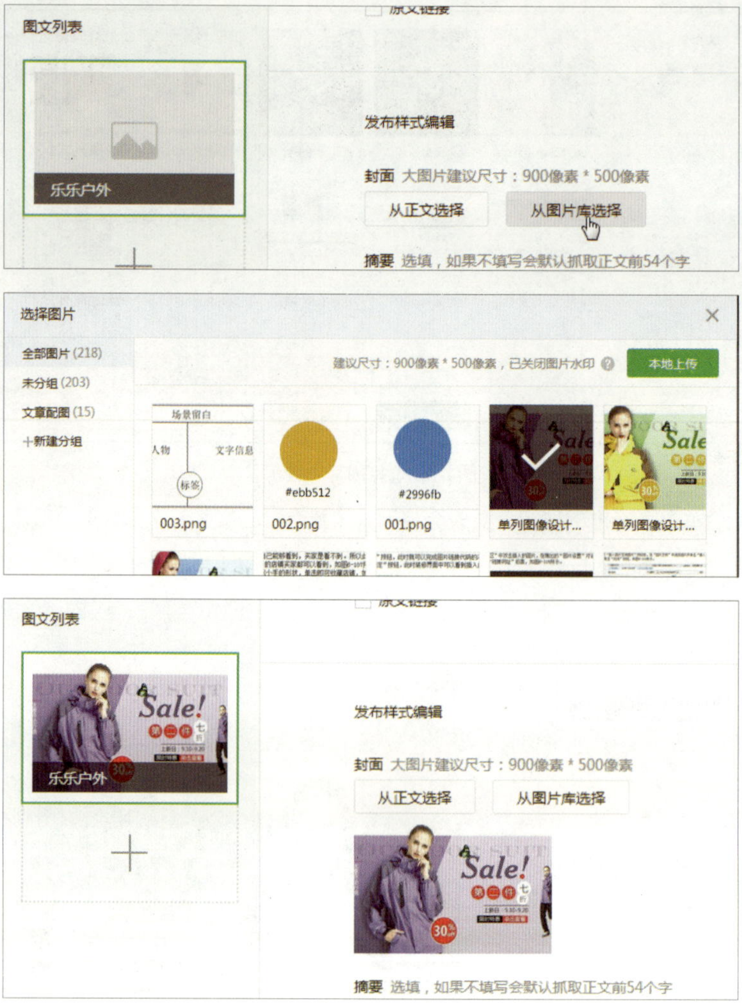

图9-19 插入封面图片

07 在已经添加封面的图文消息下面单击“+”按钮，新建一个“图文消息”，如图9-20所示。

图9-20 添加图文消息

08 作为演示使用，这里我们添加一个视频，先输入标题，然后在右侧“多媒体”区单击“视频”按钮，如图9-21所示。

图9-21 输入标题准备添加视频

09 在弹出的“选择视频”对话框中单击“新建视频”按钮，如图9-22所示。

图9-22 新建视频

10 在弹出的菜单中设置标题、分类、标签及简介等，再单击“选择文件”按钮，如图9-23所示。

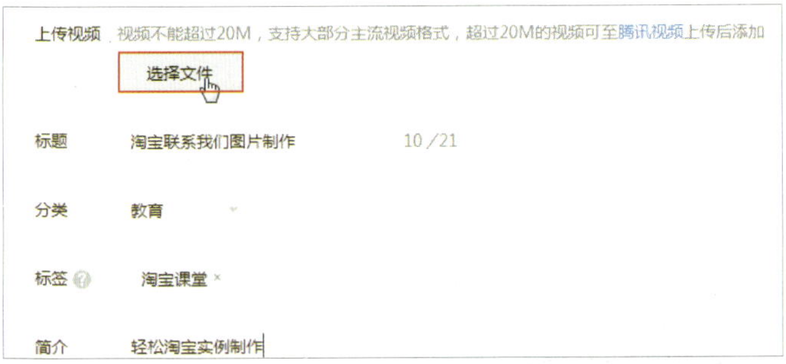

图9-23 设置参数

11 在弹出的对话框中找到一个录制好的视频，如图9-24所示。

图9-24 选择视频

12 单击“打开”按钮，视频会被上传，如图9-25所示。

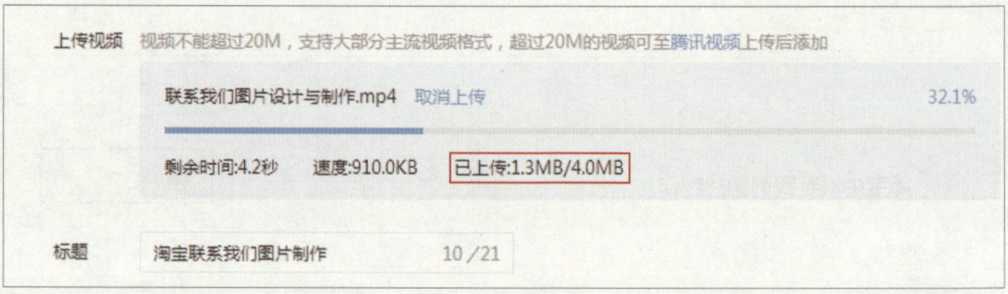

图9-25 上传视频

13 上传成功后，单击“保存”按钮，此时会在“素材管理”中的“视频”标签中看到上传的视频，如图9-26所示。

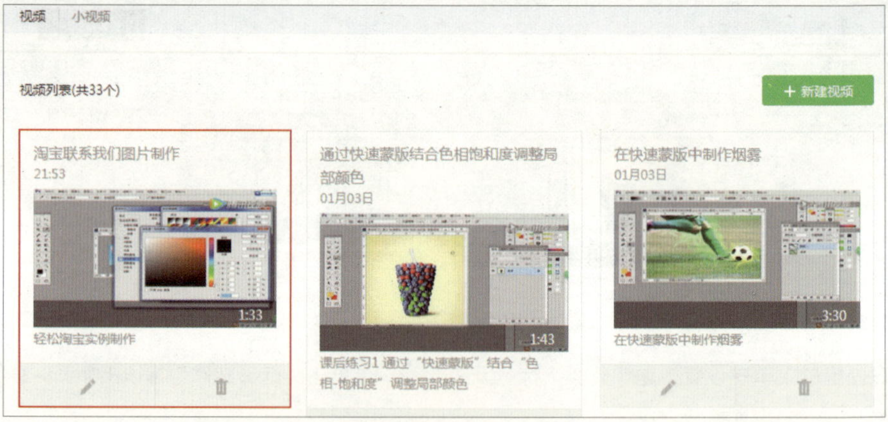

图9-26 选择视频

•温馨提示•

因为上传的视频需要转码，所以我们在“视频”标签中先看到的是转码中的视频，之后是审核中的视频，等一会就可以看到视频本身了，如图9-27所示。

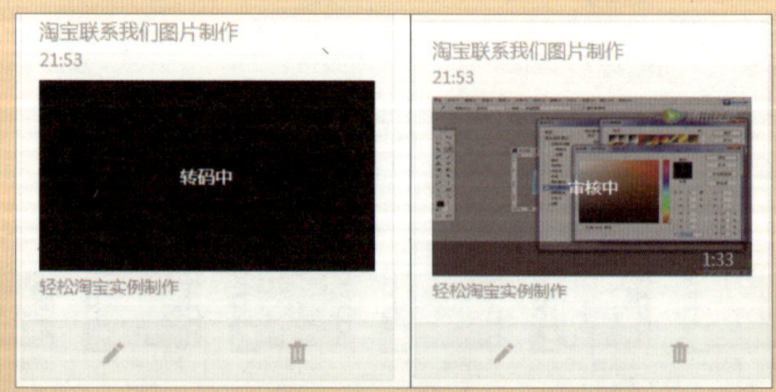

图9-27 视频转码

14 返回到编辑“图文消息”页面，单击右侧“多媒体”中的“视频”，在弹出的菜单中选择刚才上传的视频，如图9-28所示。

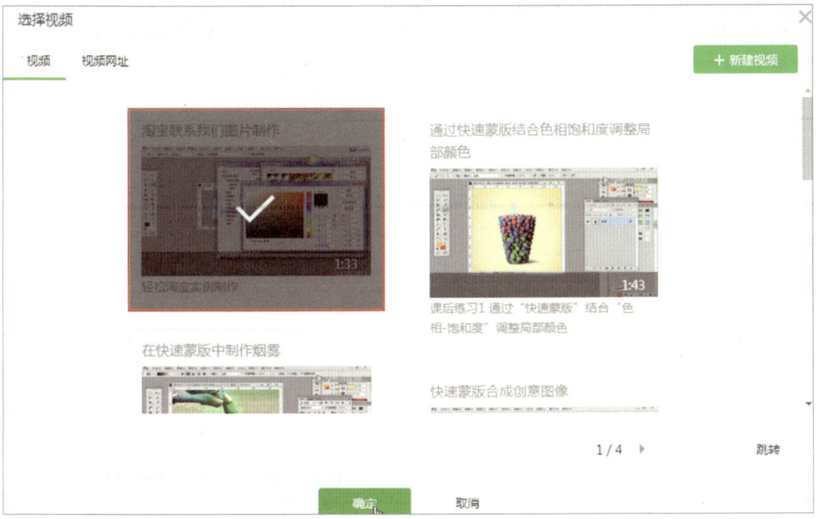

图9-28 选择视频

15 选择视频后，单击“确定”按钮，将视频插入到“新建图文消息”中，如图9-29所示。

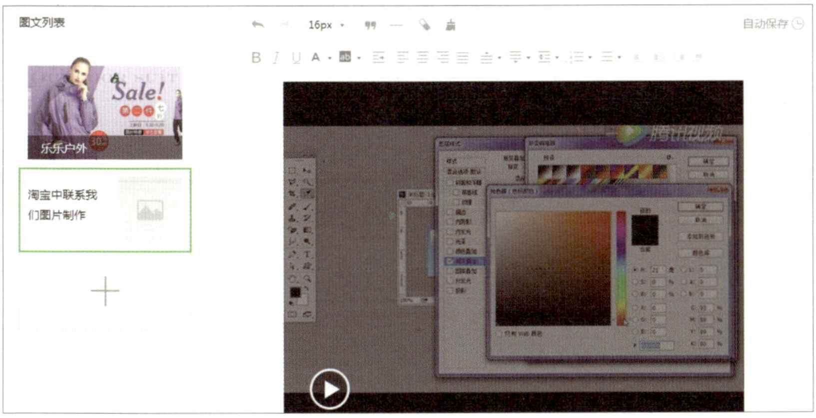

图9-29 插入的视频

16 视频插入完毕后，为第二个图文消息添加一个封面，如图9-30所示。再为其插入一些求关注的图片，以及让大家转发的图片。

图9-30 添加封面

9.2.2 发布图文消息

在公众号平台中编辑完成“图文消息”后，就需要对其进行发布了，具体的发布方法如下：

01 编辑完毕后，单击右下角的“保存并发布”按钮，此时会进入到“群发管理”页面中，单击“群发”按钮，如图9-31所示。

图9-31 群发

02 单击“群发”按钮后，系统会弹出如图9-32所示的“温馨提示”对话框。

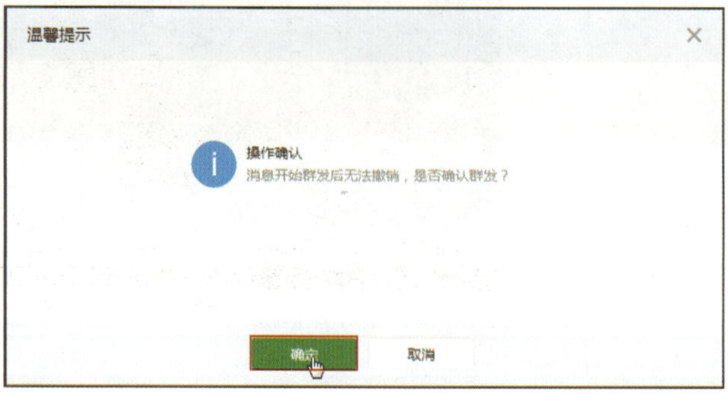

图9-32 “温馨提示”对话框

03 单击“确定”按钮，会弹出“微信验证”对话框，在此中会出现一个二维码，如图9-33所示。

图9-33 微信验证

04 此时只要使用捆绑的手机扫描二维码，在手机端弹出的“公众平台安全保护”页面中直接点击“确定”按钮，允许公众号发布，如图9-34所示。

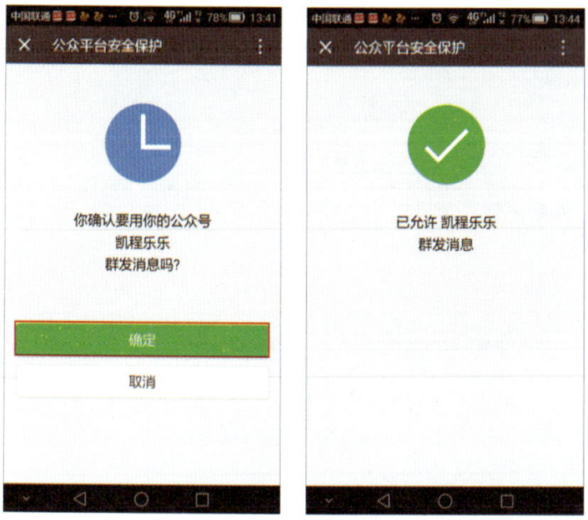

图9-34 扫描后允许发布

05 在“微信公众平台”中，可以看到发布的图文消息，如图9-35所示。

图9-35 发布的图文消息

06 在手机中打开“微信订阅号”，就可以看到发布的内容了，如图9-36所示。

图9-36 发布的内容

•温馨提示•

因为通过微信平台发送出去的消息是不能重新编辑和删除的，所以切记要审核好后再发出，一般所有账号都接收到消息需要10~20分钟的时间。

9.2.3 添加自定义菜单

在订阅号中添加自定义菜单，可以让关注的朋友，快速查找想看的内容，具体的添加方法如下：

01 进入“微信公众号”平台，在左侧单击“自定义菜单”，在右侧菜单中单击“+”按钮，为其添加菜单，最多可添加3个菜单，并输入菜单名称，如图9-37所示。

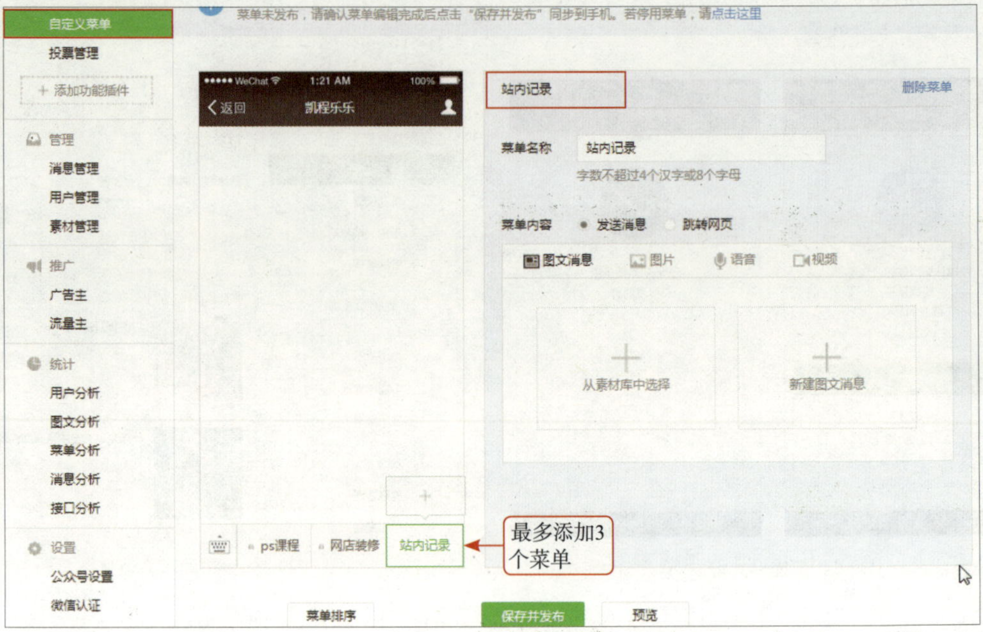

图9-37 添加菜单

02 选择其中一个菜单，单击“+”按钮，为其添加子菜单，最多可添加5个子菜单，如图9-38所示。

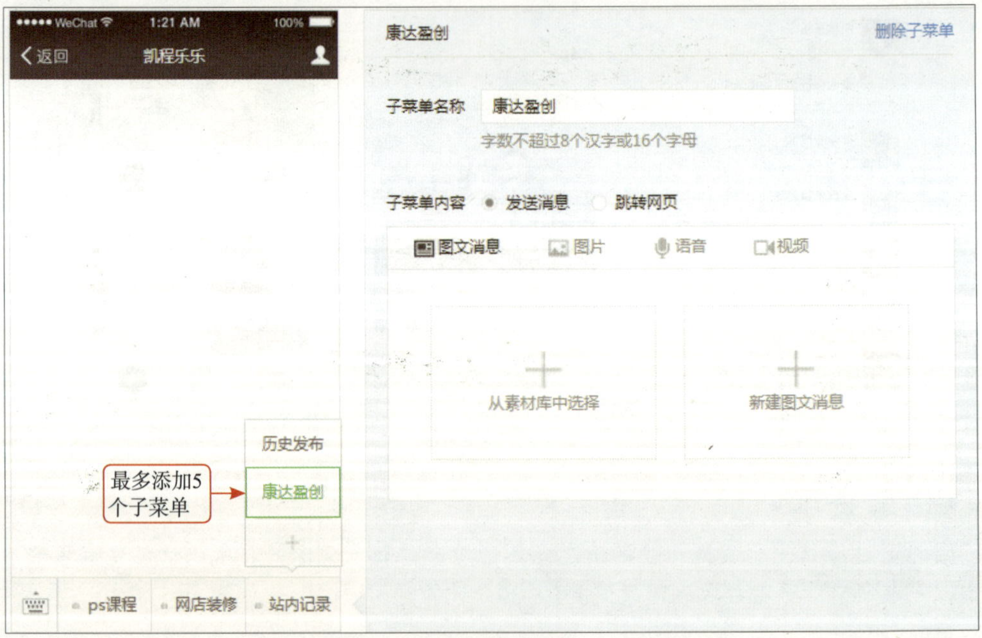

图9-38 添加子菜单

03 选择子菜单中的“历史发布”，在“子菜单内容”区选中“跳转网页”单选按钮，在“页面地址”中单击“从公众号图文消息中选择”文字链接，如图9-39所示。

04 弹出“选择图文消息”对话框，单击“历史消息”选项卡，勾选“跳转到历史消息列表”复选框，如图9-40所示。

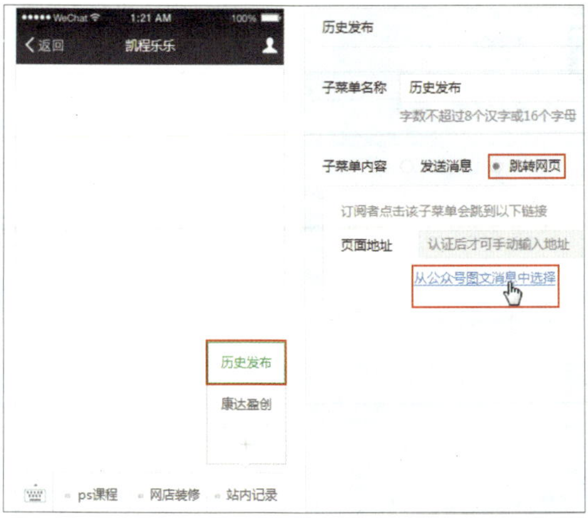

图9-39 设置子菜单

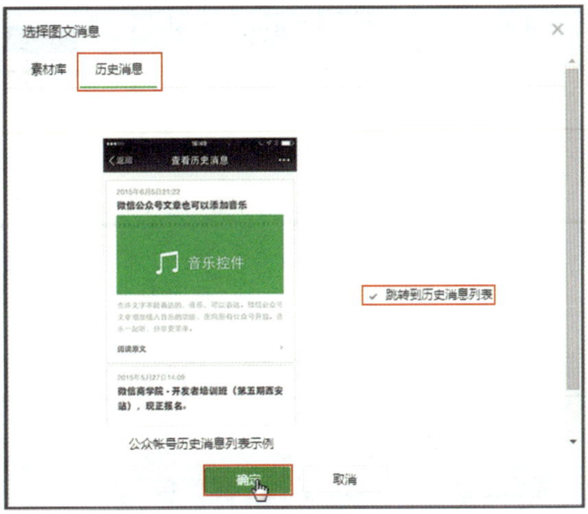

图9-40 设置链接

05 设置完毕后单击“确定”按钮，“历史发布”链接设置完毕，如图9-41所示。

06 在子菜单中选择“康达盈创”，在“子菜单内容”区选中“发送消息”单选按钮，再逐步单击“图片”及“上传图片”按钮，如图9-42所示。

图9-41 “历史发布”链接设置完毕

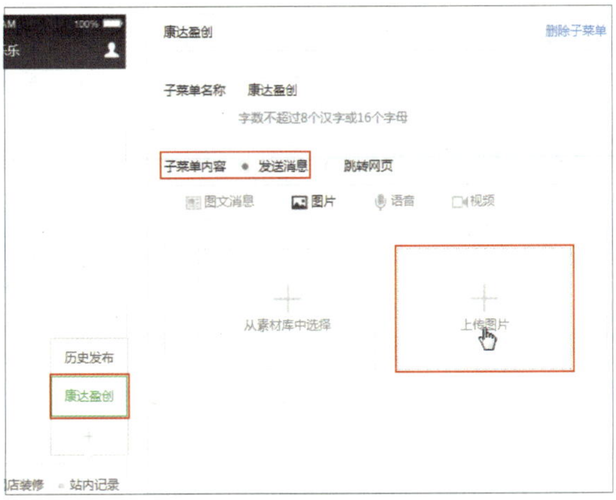

图9-42 上传图片

07 在弹出的“打开”对话框中找到“康达盈创”的Logo，如图9-43所示。

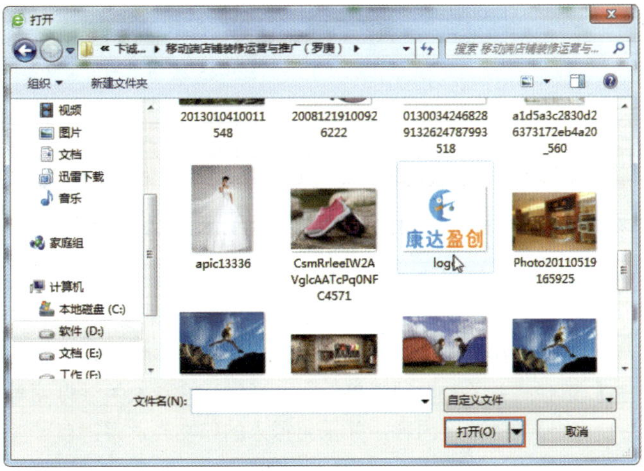

图9-43 选择图片

08 单击“打开”按钮，上传图片，如图9-44所示。

图9-44 上传图片

•温馨提示•

其他的子菜单链接都与这个类似，只要大家认真操作就可以设置链接。

09 设置完毕后单击“保存并发布”按钮，此时就可以在手机的订阅号中看到自定义菜单，如图9-45所示。

图9-45 发布后的自定义菜单

9.2.4 设置自动回复

在订阅号中设置自动回复功能，可以让朋友获得最快的回复，具体的设置方法如下：

01 自动回复可以省去很多的手动操作时间，由系统自动按照分类进行信息回复。进入订阅号公众平台，选择“自动回复”功能，在“自动回复”页面中可以看到自动回复的相关设置，其中包含“被添加自动回复”“消息自动回复”和“关键词自动回复”三个设置选项，如图9-46所示。

02 选择“被添加自动回复”时，通常用户首次关注订阅号后，系统自动发给用户的图文信息一般是欢迎类的文字内容，并采用拟人的口吻告诉用户自己能给用户提供的帮助，此处内容需要运营者进行相关的设计，如图9-47所示。

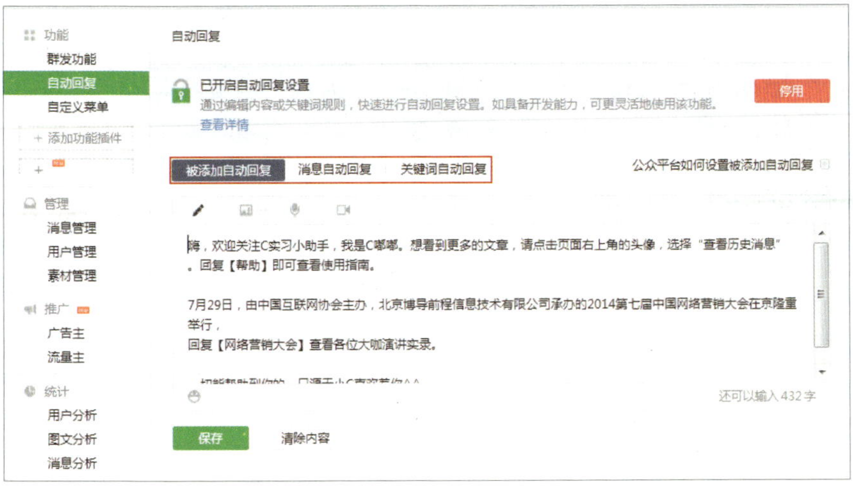

图9-46 订阅号自动回复

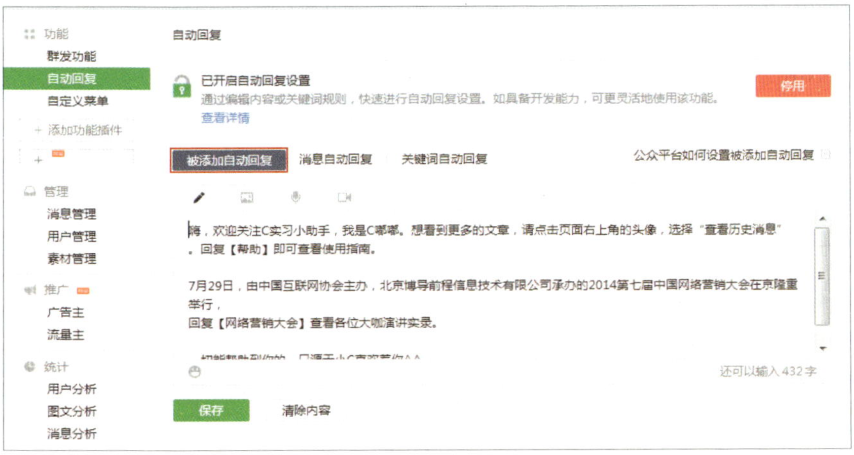

图9-47 被添加自动回复

03 选择“消息自动回复”，此功能是在用户发送非关键词的文字时，系统发送给用户的消息，一般为希望用户翻阅历史消息进行查看，或者用户遇到问题可以留言或拨打客服电话等，此处的内容也需要运营者进行相关的设计，如图9-48所示。

图9-48 消息自动回复

04 选择“关键词自动回复”时，对于已经建立的关键词，用户只要回复关键词或包含关键词的相关内容，系统就会自动回复已经设置好的回复内容。运营者也可以作为用户通过回复关键词来检查设置的准确性，如图9-49所示。

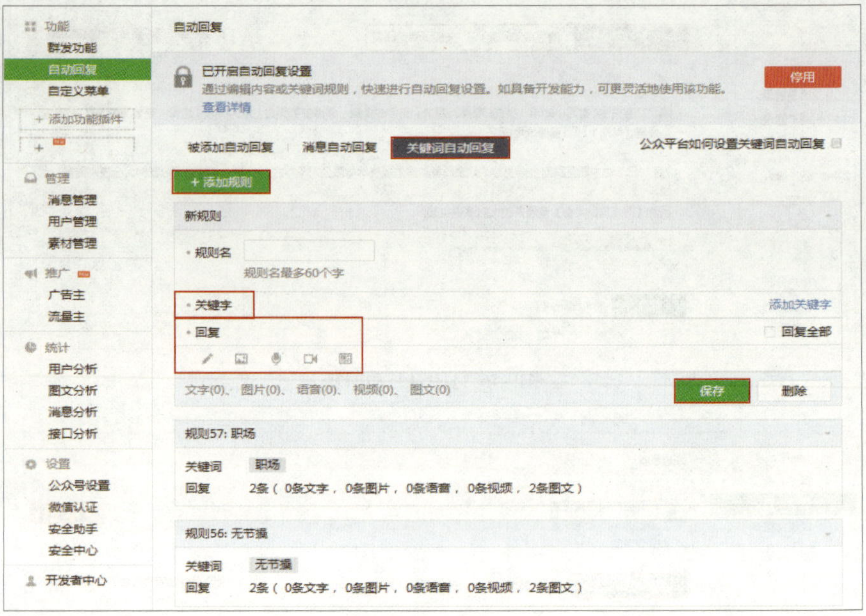

图9-49 关键词自动回复

•温馨提示•

进入“关键词”设置页面后，单击“添加规则”按钮进行关键词的添加，填写关键词的规则名、关键字、回复内容。关键字虽然可以填写多个，但是为了保证回复的准确性，一般只设置一个关键字，至于回复的内容可以是文字、图片、语音、视频，也可以是图文，由运营者视内容而定。

9.2.5 订阅号推送的技巧

对于订阅号的推送，可以说直接能够影响粉丝的数量，有计划、有目的的推送才能达到预想的效果，否则只会起到相反的作用，让粉丝失去对你的兴趣甚至还会取消对该订阅号的关注。因此，在推送时一定要按照订阅号的内容及针对的人群做好相关的准备，比如订阅号是以娱乐内容为主，那么就要考虑到接受人群的时间、爱好及对内容长短的要求，以下为9个推送技巧，大家可以作为参考。

（1）订阅号群发消息一般选择在上午8~9点之间，晚上6~22点左右，大多数这个时间段用户都在玩手机和聊微信。

（2）推送消息最好不要超过三条内容，建议一个头条，一个互动话题就可以了。

（3）设置大量的关键词来自动回复用户的需求，这些关键词都是通过“实时消息”中用户的提问整理出来的，通过关键词设置，为客户推送答案，节约客服沟通时间。除此之外，还有一些比较实用的运营技能。

（4）订阅号最好取一个有个性和态度的名字，体现订阅号的定位或品位。

（5）企业的订阅号一定要进行官方的认证，以显示其官方性和权威性。

（6）多多鼓励粉丝将内容分享到朋友圈，还可以通过活动的形式来鼓励分享。

（7）内容方面简单，有条理就可以了，文章内容最好以配图+文字的形式呈现，但文字最好不要超过800字。

（8）善用微信中的“数据统计”，很多运营问题都可以通过微信公众平台的数据分析功能了解到，如发布的内容用户喜欢吗？通过数据统计，可以清楚地了解到粉丝量，每天新关注人数、掉粉数量；通过“用户属性”看到订阅用户性别、省份；通过“图文分析”了解每次信息推送情况，如送达人数、图文页阅读人数、原文页阅读人数、分享转发人数。

（9）分组管理客户，通过分组管理，大家可以根据性别、地区、客户组别、会员等级等，有针对性地推送消息，满足不同用户的品位和需求。

9.2.6 订阅号如何更能吸引浏览者

如果想把订阅号的内容做得更加吸引人，最好在“新”“精”“趣”“准”这几个方面多下一些功夫。“新”是指内容新鲜与时俱进，要考虑每天发布的内容是否有新鲜感，例如一个成功的本地旅游订阅号，每天以不同的形式，不同的方法推荐一处旅游点，这样会使用户觉得订阅号可以让他们随时掌握旅游信息，内容始终具备新鲜感。“精”指的是内容的档次与质量，从微信5.0以后所有用户的订阅号都被折叠收藏在“订阅号”下，如果内容没有质量，又怎么会有用户一层层点击进去看呢？“趣”指的是内容的精彩程度和趣味性，订阅号一定要在这方面下足功夫，做到内容有趣和互动有趣，在内容上时不时加点诙谐和幽默，相信用户会更喜欢。“准”指的是对内容的定位要准，要弄清楚用户订阅账号到底是为了什么？是为了具时效性的内容还是你的轻松幽默，是关注新品发布还是希望收集到打折信息等，这些都是在进行内容定位时需要考虑的。如果能够做好这4点，相信用户成为粉丝只是时间的问题。

9.2.7 订阅号如何推广会更加受益

订阅号申请完毕并添加内容后，如何让更多的人知道，是每个订阅号必须要做的事。关于订阅号的推广主要可以在以下5个方法中进行推广传播：

方法一：发动所有好友、熟悉的人帮助你在朋友圈内做一定时间的推广，提高传播率。

方法二：利用一切可能的实物进行印制宣传，比如在名片、宣传单、手提袋、产品包装、小礼品上印制订阅号的二维码，并且对二维码进行简单的设计和美化，使二维码更加醒目，还可以根据不同的物品给二维码配上不同的话语，以宣传自己的品牌，比如经常会看到二维码旁边配着一句话：“扫一扫，有惊喜！”。

方法三：在网络上进行推广，如QQ群、论坛、社区，各大网站等，只要允许放置二维码的地方都可以尝试进行宣传，提高订阅号的曝光率。

方法四：将订阅号的二维码制作成签名档，通过互动回复增加曝光率，回复一次就曝光一次。

方法五：如果是企业的订阅号，可以将其二维码放在企业网站、微博背景中最醒目的位置，甚至可以放在企业的招聘信息中、打折优惠广告中、企业宣传视频中等，总之，利用一切可以利用的渠道推广自己的订阅号。

9.2.8 订阅号如何与用户互动交流

在订阅号中，互动是必须的，为什么呢？一方面是让用户知道你是一个活生生的人在运营而不是机器；另一方面是可以加深用户对账号的感情，增加用户对账号的黏度，维护好已有的粉丝。在订阅号中如何做好互动？首先，内容要有话题性，即无论是你发的文章，还是做的活动，都要让用户有想参与讨论的兴趣和欲望，他们才愿意发声；其次，可以在自定义菜单中设置一个醒目的菜单，让用户第一时间找到互动的地方，很多订阅号中菜单内容都是互动性质的，用户想要互动交流的时候能够第一时间找到入口，对互动参与度自然有影响；第三，用户互动内容及时回复，如果你没有及时回复用户的内容，用户会认为不受重视，用户体验很不好，对于忠实粉丝来说可能还可以理解和接受，但是对于临时订阅者而言，他们很有可能因为服务不周而退订。因此，做好互动，对于维护好粉丝关系具有重要意义，粉丝才是营销的基础，尽可能地把举棋不定的粉丝变成你的忠实粉丝，粉丝越多，被传播的也就会越广。

9.3 编辑并发送微淘广播

微淘是手机淘宝变形的重要产品之一，定位是基于移动消费领域的入口，在消费者生活细分领域，为其提供方便、快捷、省钱的手机购物服务。

微淘的核心是回归以用户为中心的淘宝，而不是小二推荐、流量分配，每一个用户有自己关注的账号，感兴趣的领域，通过订阅的方式，获取信息和服务，并且运营者、粉丝之间能够围绕账号产生互动。在微淘中可以发帖子、发图片、发上新、发视频等内容，如图9-50所示。本节就以微淘中的各个内容作为讲解对象。

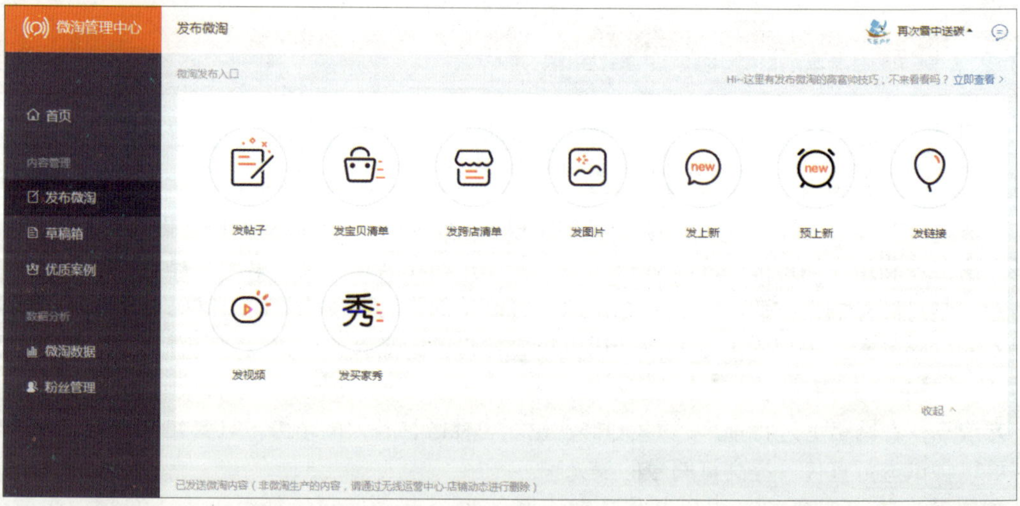

图9-50 微淘发送内容

9.3.1 发上新

在手机淘宝“发微淘/发上新”中可以发布文本、商品等内容。在手机淘宝中进入微淘编辑并发布上新的方法如下：

01 进入手机淘宝店铺，在“无线运营中心”页面中选择左侧的“发微淘”，如图9-51所示。

图9-51 选择发微淘

02 单击“发上新”按钮，在进入的“添加上新宝贝”页面中设置“上新内容描述”，然后单击“添加宝贝”按钮，如图9-52所示。

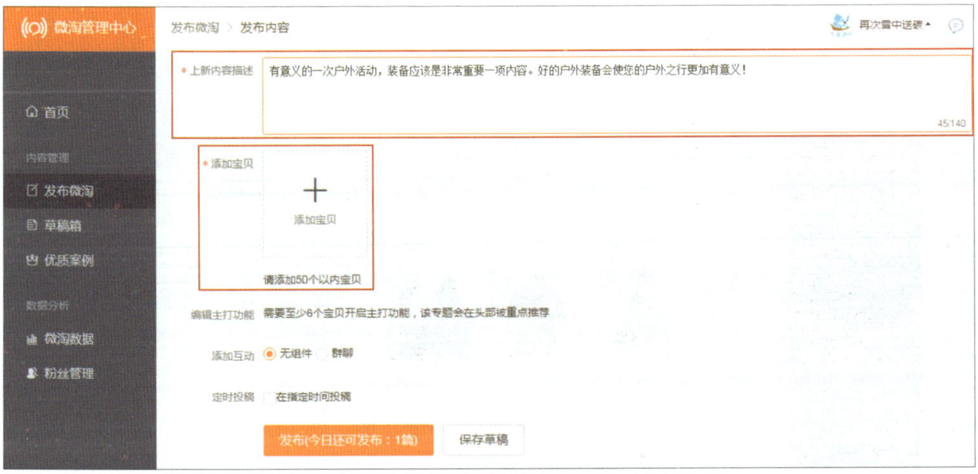

图9-52 上新宝贝

03 在弹出的“添加宝贝”对话框中输入宝贝的链接，在“出售中的宝贝”中复制链接并将其粘贴，如图9-53所示。

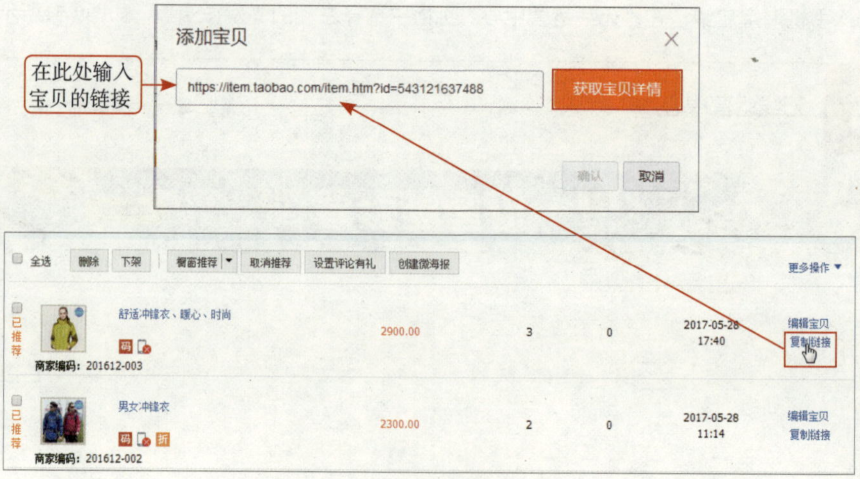

图9-53 添加宝贝链接

04 单击“获取宝贝详情”按钮，在弹出的“添加宝贝”对话框中设置宝贝详情或再上传宝贝，如图9-54所示。

图9-54 编辑宝贝

05 设置完毕后单击“确定”按钮，然后单击“发布”按钮，如图9-55所示。

图9-55 保存并发布

•温馨提示•

选中“群聊”单选按钮，可以创建一个群聊组，通过“手机淘宝”扫描二维码，再单击“已在手机端完成建群”按钮，即可为发布的微淘创建一个群，如图9-56所示。

图9-56 创建群

06 单击“发布”按钮完成发布，此时会弹出如图9-57所示的“发布成功”对话框。

图9-57 发布成功

07 发布成功的“上新宝贝”可以在“店铺动态”中进行查看，如图9-58所示。

图9-58 店铺动态

08 双击宝贝即可进入“内容详情页”中，如图9-59所示。

图9-59 内容详情

09 在手机淘宝店铺的首页中可以看到“上新宝贝”的数量，如图9-60所示。

图9-60 上新宝贝

9.3.2 发图片

在手机淘宝“发布微淘/发图片”中可以发布文本、商品、图片等元素。在手机淘宝中进入微淘编辑并发布图文广播的方法如下：

01 进入“微淘管理中心”，单击“发图片”按钮，如图9-61所示。

图9-61 微淘管理中心

02 进入“发布内容”编辑区，设置“图集标题”内容后，单击“上传图片”按钮，在其中选择需要上传的图片，如图9-62所示。

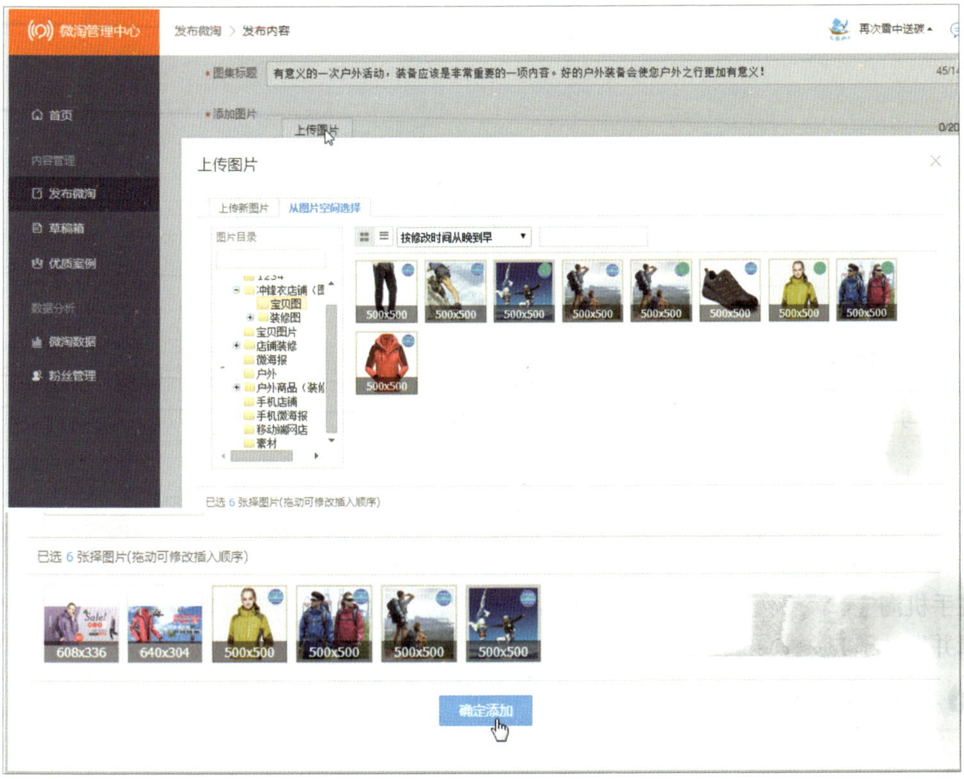

图9-62 选择图片

03 单击“确定添加”按钮，返回后为每个图片添加描述，如图9-63所示。

图9-63 添加描述

04 为图片添加标签，完成发布内容设置，单击“保存草稿”按钮进行保存，如图9-64所示。

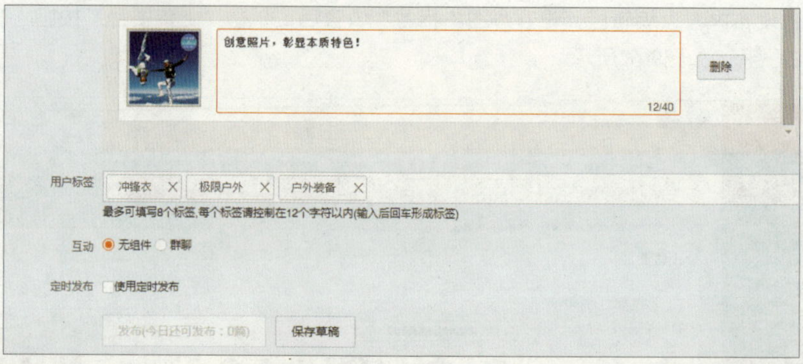

图9-64 发布图片

•温馨提示•

微淘每天只能发布一次，同一天编辑多项内容后，可以将其保存草稿，待第二天再发布。

9.3.3 发帖子

在手机淘宝“发布微淘/发帖子”中可以发布文本、商品、图片等元素。在手机淘宝中进入微淘编辑并发帖子的方法如下：

01 进入“微淘管理中心”，单击“发帖子”按钮，如图9-65所示。

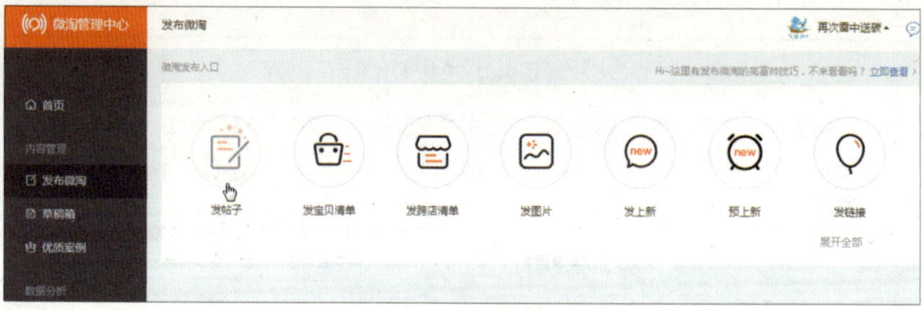

图9-65 微淘管理中心

02 进入“发布内容”编辑区，为其添加“标题内容”“副标题”“添加封面图”，如图9-66所示。

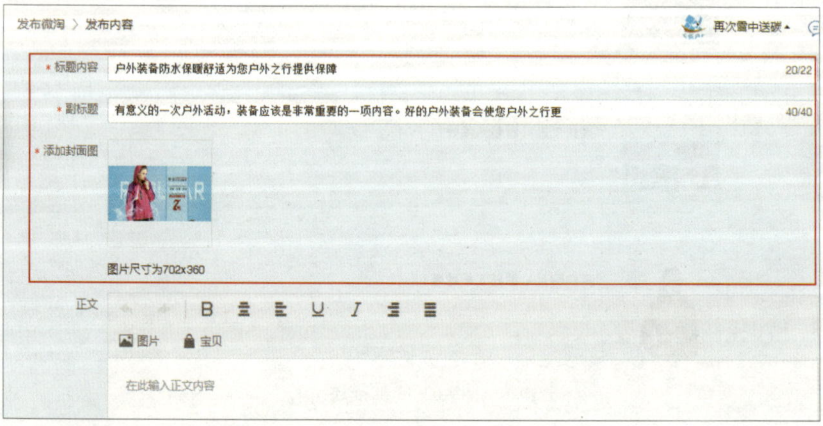

图9-66 发帖子

03 在“正文”编辑区可以直接添加宝贝、上传图片及添加文本，如图9-67所示。

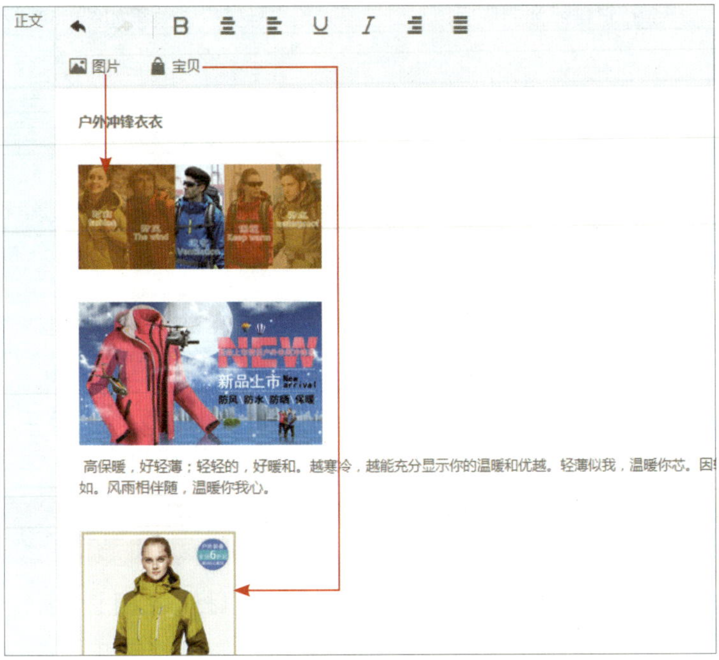

图9-67 添加宝贝、上传图片等

04 在“添加链接”中设置链接地址，并输入名称为“店铺首页”，单击“确定”按钮，效果如图9-68所示。

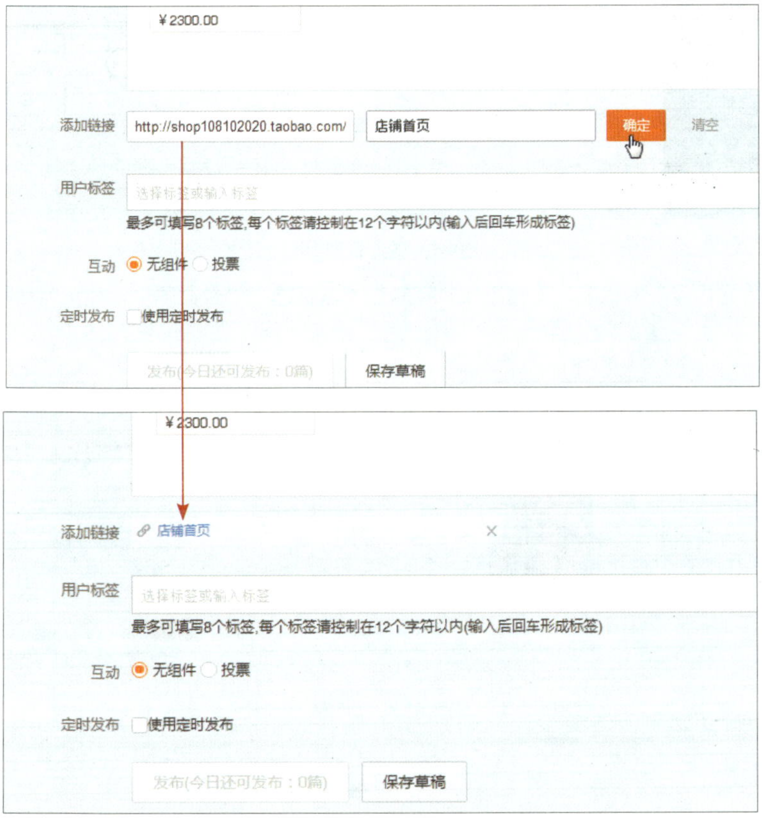

图9-68 添加链接

05 链接添加完毕后，为其设置“用户标签”，效果如图9-69所示。

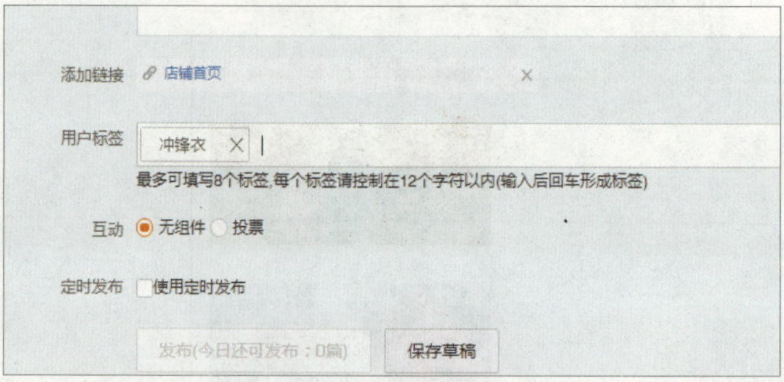

图9-69 设置“标签”用户

06 设置完毕后单击“保存草稿”按钮，等第二天再发布。

9.3.4 发链接

在手机淘宝“发布微淘/发链接”中可以将手机淘宝中制作的自定义页面发布为微淘，具体操作方法如下：

01 进入“微淘管理中心”，单击“发链接”按钮，如图9-70所示。

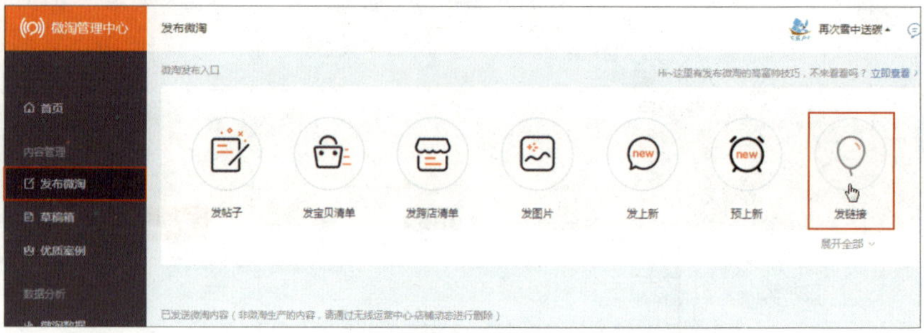

图9-70 微淘管理中心

02 进入“发布内容”编辑区，为其添加“标题”“副标题”“封面图”，如图9-71所示。

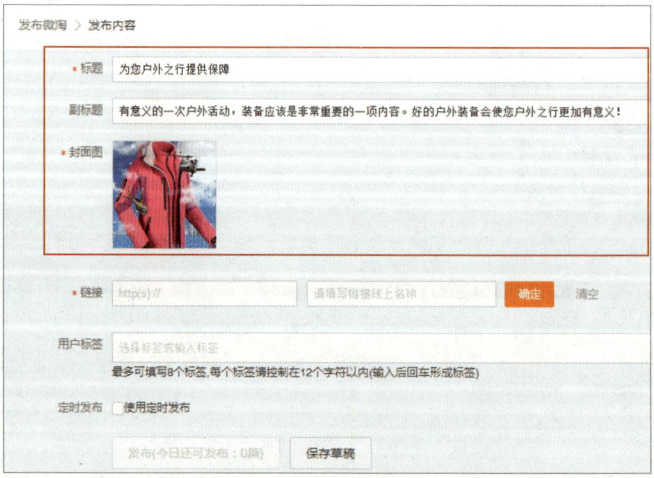

图9-71 添加标题等